R.E.I. Editions

Tutti i nostri ebook possono essere letti sui seguenti dispositivi:
- Computer
- eReader
- iOS
- Android
- Blackberry
- Windows
- Tablet
- Cellulare

French Academy

Le 12 Case

ISBN: 978-2-37297-4059
Disponibile anche in formato Ebook - ISBN: 978-2-37297-4042

Pubblicazione: settembre 2022
Copyright © 2022 R.E.I. Editions
www.rei-editions.com

French Academy

Le 12 Case

R.E.I. Editions

Indice

Le Dodici Case

In astrologia le dodici case (o settori) sono suddivisioni della carta natale di una persona, graficamente identificabili come spicchi all'interno del cerchio dello zodiaco, ossia una forma simbolica di rappresentazione astrologica del cielo al momento della nascita di una persona, entro i cui dodici segmenti si collocano anche i pianeti e i dodici segni zodiacali.

Le case rappresentano il percorso del sole e dei pianeti nell'arco di una giornata, dall'alba di un giorno all'alba successiva. Questo perché la rotazione della terra su se stessa causa la rotazione apparente del cielo, e, quindi, anche dei settori zodiacali.

- Le 12 case astrologiche sono settori di fondamentale importanza per la lettura del "Tema Natale" di una persona. Queste 12 case danno informazioni e indicazioni sulla personalità dell'individuo, sulle sue scelte nella vita, sull'amore, sulla famiglia, sul suo lavoro e su tanto altro.

Un Tema Natale si compone di tre elementi fondamentali: segni, pianeti e case. Ognuno di questi elementi è fondamentale per l'interpretazione del Tema Natale.

- I segni zodiacali rappresentano il tipo di energia che l'individuo ha a disposizione.
- I pianeti le modalità di azione dell'individuo.
- Le case rappresentano i settori dell'esperienza in cui i pianeti manifestano la loro azione.

Se i pianeti esprimono ciò che avviene e i segni il come, le case rappresentano il dove.

Sono le case a personalizzare il tema natale, a costituire le componenti fondamentali con cui ogni appassionato o studioso di astrologia deve imparare a lavorare nell'intraprendere uno studio serio sull'argomento.

Parliamo di case astrologiche quando ci avviciniamo al mondo dell'astrologia e dei segni zodiacali.

Iniziamo con il ricordare che i segni zodiacali corrispondono alle dodici costellazioni che sono in cielo posizionate in una fascia di 360° chiamata zodiaco. In questa fascia celeste vi sono 12 settori di 30° ciascuno con una costellazione ciascuno. Come sappiamo le costellazioni sono anch'esse 12 e corrispondono ai 12 segni zodiacali dell'astrologia: Ariete, Toro, Gemelli, Cancro, Leone, Vergine, Bilancia, Scorpione, Sagittario,Capricorno, Acquario e Pesci.

- Le 12 parti o settori vengono chiamate Case Astrologiche e il punto di inizio di ogni casa è denominato cuspide.

Ciascuna di queste 12 case rappresenta un settore specifico della vita della persona e, quindi, fornisce indicazioni, ad esempio, sull'amore, sulla famiglia, sul denaro, sulla salute, sui viaggi di questo individuo. Le case astrologiche raccontano anche gli ideali, le tendenze, l'attitudine spirituale e lo sviluppo psichico di questa persona. I pianeti e i segni che cadono all'interno di ciascuna di queste case forniscono, appunto, i dati per l'interpretazione della carta astrale della persona e delle sue 12 case astrologiche.

Possiamo dire che le case indicano il settore della vita della persona in cui i pianeti o i segni zodiacali esercitano la loro influenza.

Circa ogni due ore un nuovo settore zodiacale sorge a Est e il settore opposto tramonta a Ovest, possiamo immaginare questa rotazione come quella di un disco orario.

I pianeti si troveranno in una particolare posizione rispetto alla linea dell'orizzonte delimitata dall'asse Ascendente-Discendente e alla linea del meridiano del luogo, identificata con l'asse verticale Medium Coeli - Imum Coeli.

Il calcolo delle case, o domificazione, si fa secondo diversi criteri matematici utilizzando appositi calendari compilati; tra i tanti metodi utilizzati sono diffusi quello di Placido, di Koch, di Regiomontano, o il sistema delle case uguali di Huber, secondo cui si calcola la posizione dell'Ascendente e tutte le altre case si troveranno allo stesso grado nei segni successivi. Ad sempio, se l'ascendente è a 12° del Toro, la 2ª casa sarà a 12° dei Gemelli e così via, ma il passaggio da una casa all'altra non è schematico e regolare come per i segni che hanno tutti ampiezza pari a 30°, per cui è preferibile usare un metodo diverso da quello di Huber; solitamente quello di Placido è il più diffuso, ma all'equatore, dove la durata del giorno e della notte è sempre la stessa, le case hanno tutte la stessa estensione.

All'interno di un oroscopo spiccano due grandi suddivisioni che dividono in quattro quadranti il grafico:

- L'orizzonte, visibile orizzontalmente e che delinea l'asse ascendente-discendente

- Il meridiano, visibile verticalmente, che delinea il Medio Cielo o Medium Coeli (MC), e il Fondo Cielo o Imum Coeli (IC).
- La parte sopra l'orizzonte è la parte superiore e diurna, a cui corrisponde la parte sinistra del corpo
- Quella sotto l'orizzonte è la parte inferiore e notturna a cui corrisponde la parte destra del corpo.

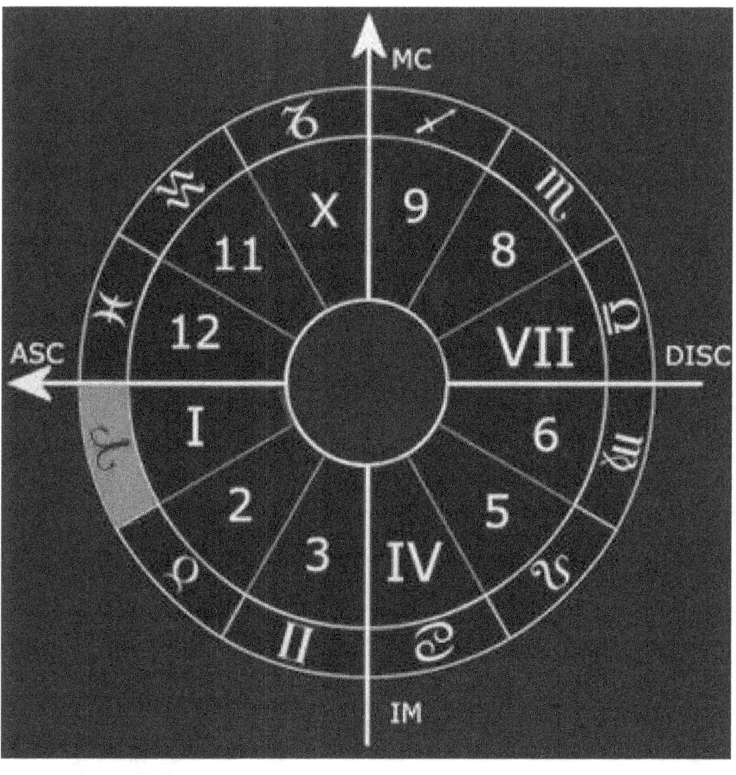

Le 12 Case Zodiacali non corrispondono ai segni né come dimensioni né come collocazione anche se sono strettamente associate ad essi.

A seconda della collocazione dei pianeti sotto o sopra l'orizzonte, gli astrologi effettuano le loro interpretazioni della personalità.

I quattro quadranti sono a loro volta suddivisi in tre settori per un totale di dodici case come i segni zodiacali.

- Le case si contano, però, in senso antiorario; la prima casa inizia con l'Ascendente, in ordine segue la quarta casa o Imum Coeli, poi si passa attraverso il Discendente in settima casa, poi si tocca il Medium Coeli, cosignificante della decima casa e si conclude con il ritorno all'Ascendente.

Mentre la quarta casa è identificabile con il nadir, ossia il punto opposto al luogo di osservazione, la decima casa corrisponde allo zenit. Le case generalmente si possono estendere sia su un solo segno zodiacale, su due (in maggioranza), su tre (in misura minore) o più. Le 12 Case si dividono come segue:

- Angolari (Case I, IV, VII e X)

Corrispondono ai segni cardinali; i segni cardinali sono i segni dello zodiaco collocati all'inizio delle stagioni.

Al segno cardinale sono associate qualità di innovazione ed energia nel cominciare nuovi progetti.

Poiché corrispondono all'ingresso del Sole in ognuna delle quattro stagioni, i segni cardinali coincidono con equinozi e solstizi:

- ✓ Ariete (21 marzo - 20 aprile): segno di fuoco, ha avvio con l'equinozio di primavera.

✓ Cancro (22 giugno - 22 luglio): segno d'acqua, ha avvio con il solstizio d'estate.

✓ Bilancia (23 settembre - 22 ottobre): segno d'aria, ha avvio con l'equinozio d'autunno.

✓ Capricorno (22 dicembre - 20 gennaio): segno di terra, ha avvio con il solstizio d'inverno.

Ariete e Bilancia sono anche definiti segni equinoziali, mentre Cancro e Capricorno vengono chiamati solstiziali.

Le case angolari sono contrassegnate da numeri romani perché sono le più importanti, in quanto coincidono con ASC - IC - DISC - MC.

- Succedanee (Case 2, 5, 8 e 11)

Corrispondono ai segni fissi; i segni fissi sono i segni dello zodiaco situati al centro di ciascuna stagione.

Al segno fisso sono associate qualità di fermezza e stabilità nel perseguire i progetti.

L'ingresso del Sole nei segni fissi avviene nel pieno centro delle quattro stagioni:

✓ Toro (21 aprile - 20 maggio): segno di terra, è posto a metà della primavera.

✓ Leone (23 luglio - 22 agosto): segno di fuoco, è posto a metà dell'estate.

✓ Scorpione (23 ottobre - 22 novembre): segno d'acqua, è posto a metà dell'autunno.

✓ Aquario (21 gennaio - 19 febbraio): segno d'aria, è posto a metà dell'inverno.

Trovandosi nel periodo di pieno svolgimento della stagione, tali segni sono anche definiti solidi.

Il Toro risulta opposto allo Scorpione, così come il Leone è opposto all'Aquario.

- Cadenti (Case 3, 6, 9 e 12)

Corrispondono ai segni mobili; i segni mobili sono i segni dello zodiaco situati alla fine di ciascuna stagione.

Al segno mobile sono associate qualità di cambiamento e di determinazione nel portare a compimento i progetti

L'ingresso del Sole nei segni mobili avviene sul finire delle quattro stagioni:

- ✓ Gemelli (21 maggio - 21 giugno): segno d'aria, è collocato al termine della primavera.
- ✓ Vergine (23 agosto - 22 settembre): segno di terra, è collocato al termine dell'estate.
- ✓ Sagittario (23 novembre - 21 dicembre): segno di fuoco, è collocato al termine dell'autunno.
- ✓ Pesci (20 febbraio - 20 marzo): segno d'acqua, è collocato al termine dell'inverno.

Essendo situati alla conclusione delle stagioni, tali segni vengono anche definiti mutevoli o bicorporei, trovandosi a cavallo di due stagioni.

I Gemelli risultano opposti al Sagittario, così come la Vergine è opposta ai Pesci.

La conoscenza delle case astrologiche si rivela fondamentale anche nell'interpretazione dei transiti.

Quando i pianeti visitano una casa, "illuminano" quella parte del grafico e danno energia alle caratteristiche di quella casa.

Gli astrologi usano le case per prevedere quali aree della vita verranno sollecitate dai pianeti e, quindi, consigliare come gestire nel modo migliore gli effetti dei transiti, soprattutto di quelli più difficili.

- Le prime sei case sono conosciute come case personali, mentre le ultime sei case sono conosciute come case interpersonali.

Ogni casa ha un suo significato che riflette quello dei dodici segni dello Zodiaco: l'Ariete è considerato simile alla prima casa, il Toro alla seconda, il Gemelli alla terza e così via.

Non è difficile immaginare il perché: l'Ascendente e la prima casa sono associati con la nascita e il modo in cui affrontiamo la vita. Anche l'Ariete e il suo pianeta governatore, Marte, denotano un principio, i nuovi esordi e il primo impulso ad agire. La seconda casa rappresenta, in senso lato, la sicurezza personale, che può essere rappresentata dal possesso di beni materiali o dalla capacità di sviluppare qualità e risorse innate, attraverso le quali acquisire un maggiore senso di identità e di autostima. Il segno del Toro si trova a suo agio in questa casa del "possesso" dove, per essere padroni della propria vita, c'è bisogno di sicurezza materiale e di un proprio spazio personale.

Ovviamente, nella pratica reale, le case nel Tema Natale di una persona non saranno quasi mai in esatta corrispondenza con i segni come nello zodiaco naturale.

Non tutti nascono con l'Ascendente Ariete a 0 gradi, la seconda casa a 0 gradi del Toro, o la dodicesima a 0 gradi dei Pesci. Questa suddivisione è puramente simbolica e ha principalmente lo scopo di aiutare a comprendere più a fondo il significato delle case.

Le case possono essere occupate da uno o più pianeti, oppure essere vuote; più pianeti ci sono in una casa, più è importante quel campo di esperienza nella vita della persona.

- Il fatto che ci siano delle case "vuote" nel Tema Natale, ovvero case prive di pianeti, non significa affatto che in quelle aree della vita non accada nulla, né tantomeno che esse abbiano minor importanza.

Un raggruppamento di almeno tre pianeti nello stesso segno o casa viene chiamato "stellium" ed è una configurazione astrologica molto forte che può avere notevoli influenze sulla personalità e sul comportamento dell'individuo.

Nel Tema Natale, lo "stellium" può rappresentare il punto di forza del soggetto ma allo stesso tempo anche il suo punto più vulnerabile. In linea generale, questa configurazione va a rafforzare le caratteristiche tipiche del segno in cui si trova.

Per valutarne la potenza, bisogna considerare diversi fattori:

- La presenza o meno del Sole, ma anche della Luna, che ne aumentano notevolmente la forza.

- La maggiore presenza di pianeti "veloci" (Luna, Mercurio, Venere, Marte) o "lenti" (Giove, Saturno, Urano, Nettuno, Plutone), che rendono la caratterizzazione dello stellium rispettivamente più effimera oppure più solida e costante.

- La posizione contemporaneamente in un unico segno zodiacale e in un'unica casa, il che raddoppia l'influenza dello stellium nel carattere dell'individuo.
- La presenza nello stellium di punti fittizi (relativi al karma) come, ad esempio: Nodi lunari, Luna nera (Lilith), Punto di fortuna.

Ogni casa si trova in un segno zodiacale e sarà quel segno e il suo governatore a dare informazioni sul modo in cui vivremo le esperienze di quella casa. Bisogna, inoltre, tenere a mente che nel corso della vita i pianeti possono transitare in una casa vuota e, quindi, "attivarla".

- Prima casa o Ascendente

La prima casa è la casa della personalità, ed è collegata simbolicamente al segno dell'Ariete e al pianeta Marte.
Gli individui con Marte in prima casa sono inclini a essere piuttosto ostinati e non disposti a fare marcia indietro quando si tratta di una battaglia di volontà. Sul lato negativo, è probabile che siano disobbedienti, ribelli e inclini a fare i capricci quando non ottengono ciò che vogliono. In positivo, hanno un notevole coraggio che consente loro di raccogliere i frutti che solo i coraggiosi e gli audaci possono mai godere. Quelli con Marte in prima casa sono disposti a mantenere la propria posizione di fronte al conflitto. Si rifiutano di lasciare che qualcuno li calpesti o violi la loro sovranità.

L'Ascendente ha una grande importanza in astrologia; infatti, oltre a segnare la cuspide o punto d'inizio della prima casa, esso rappresenta l'insieme delle caratteristiche psicofisiche dell'individuo e i tratti esteriori della personalità; rappresenta il libero arbitrio dell'individuo, il suo grado di autonomia e il modo in cui si esprime e si manifesta.

- Seconda casa

La seconda casa è la casa del denaro e della ricchezza, ed è collegata simbolicamente al segno del Toro e al pianeta Venere.
Venere, il pianeta più femminile, attrae. Situato nella seconda casa, attrae denaro. In effetti, gli individui nati sotto questa posizione natale vedranno un flusso di denaro piuttosto generoso attraverso le loro tasche e conti bancari. Anche se non diventano ricchi, vivranno come uno tale, spendendo quantità stravaganti di denaro per divertimento, arte e bellezza.
Possedimenti, risorse, talenti, valori e abilità finanziarie sono tutti espressi dalla seconda casa. Il segno in cui si trova permette di scoprire non solo da dove derivano le principali fonti di guadagno, ma anche i tempi in base ai quali un individuo riuscirà a consolidare la propria posizione economica o a formarsene una.
Ci dice come noi valorizziamo ciò che ci sta intorno e in che misura siamo in grado di sfruttare i nostri beni.

- Terza casa

La terza casa è la casa dell'intelligenza, della comunicazione e delle capacità intellettive, ed è collegata simbolicamente al segno dei Gemelli e al pianeta Mercurio.

Mercurio è ospite della terza casa: la vivacità viene espressa soprattutto nell'ambiente circostante. Eclettismo mentale e desiderio di molti scambi e relazioni sociali, che potrebbero indirizzare verso il giornalismo, il commercio, i trasporti. Adolescenza vivace; importanza degli spostamenti, dei parenti o dei fratelli. Tendenza al pettegolezzo, problemi con i coetanei o con i mezzi di comunicazione in caso di cattivi aspetti.

Gli studi, i piccoli spostamenti, i contratti sono tutti espressi dalla terza casa. È una casa che indica socialità, voglia di incontrare gente, scambiare idee, apprendere cose nuove.

Il segno in cui si trova e i pianeti al suo interno indicano il grado di socievolezza di un individuo, la facilità nello stringere amicizie e i rapporti con i parenti, in particolare i fratelli o sorelle.

- Quarta casa o Imum Coeli

La quarta casa è la casa del passato e della famiglia d'origine, ed è collegata simbolicamente al segno del Cancro e al pianeta Luna.

La luna in quarta casa è nella posizione più benefica e favorevole in cui si potesse trovare. Qui la mente della persona è in grado di ricevere e dare emozioni nel modo più viscerale e luminoso, riuscendo ad amare in modo quasi incondizionato. Queste persone sono molto intuitive, la prima impressione che hanno spesso coincide con la verità.

È nella quarta casa che si possono trovare informazioni sul passato, l'infanzia, la protezione e il nutrimento affettivo che ciascuno ha ricevuto o meno dai genitori. Il modo in cui verranno gestiti i rapporti più intimi sarà influenzato dai condizionamenti ricevuti dai genitori e dalla capacità o meno di liberarsene.

- Quinta casa

La quinta casa è la casa della creatività e degli svaghi, ed è collegata simbolicamente al segno del Leone e al pianeta Sole.

La quinta casa è governata dal segno del Leone ed è, quindi, la casa naturale in cui collocare il Sole. Questa configurazione infonde in un individuo il bisogno di distinguersi attraverso le cose che fa e crea. Ricavano gratificazione e appagamento attraverso la competizione e le esperienze stimolanti.

Il Sole in quinta casa conferisce un'apertura mentale e una giovinezza di spirito che li costringe a non prendere la vita troppo sul serio.

Dietro a un'apparente semplicità, la quinta casa è in realtà assai complessa. Se, infatti,

Indica la vitalità del soggetto, un modo dell'essere comprensibile a ognuno, rappresenta al tempo stesso la vita, l'esistere, esperienza che proviamo tutti ogni giorno ma che forse faremmo fatica a descrivere talmente è connaturata in noi.

E' in questa casa che si possono trovare informazioni sulla creatività di cui si dispone e su ciò che nella vita procura maggiore piacere.

Il segno in cui si trova e i pianeti al suo interno permettono di scoprire come una persona vive la propria vita erotica e sessuale e di individuare eventuali eccessi o difficoltà.

- Sesta casa

La sesta casa è la casa del lavoro e della salute, ed è collegata simbolicamente al segno della Vergine e al pianeta Mercurio.

Nella sesta casa, Mercurio è nella sua dimora naturale. Mercurio è il governatore planetario sia della terza sia della sesta casa. Avere mercurio nella sesta casa indica un individuo che è molto comunicativo e vocale su ciò che fa e su come lo fa. Pensano molto alla loro salute e al loro benessere e sono interessati a tutte le informazioni che possono trovare per migliorare la loro condizione fisica e la loro alimentazione.

Sono impegnati con gli altri e tendono a lavorare bene con i colleghi grazie alla loro natura amichevole e orientata al servizio. È nella sesta casa che vengono messe a confronto le esigenze materiali con quelle del mondo esterno e la propensione a prestare servizio agli altri. La capacità o meno di adattarsi ai ritmi quotidiani, il senso del dovere, le condizioni di salute e la cura del corpo sono tutte espresse dalla sesta casa.

- Settima casa o Discendente

La settima casa è la casa del matrimonio e delle unioni stabili, ed è collegata simbolicamente al segno della Bilancia e al pianeta Venere.
Venere in settima casa determina un'elevata capacità di andare d'accordo con gli altri e coltiva relazioni amorevoli.
In astrologia, Venere significa amore, bellezza, cooperazione e carisma. Quando Venere risiede nella settima casa, nel tema natale o come transito, promuove relazioni forti e soddisfacenti sia in senso romantico sia platonico. La settima casa è governata dalla Bilancia e governa le relazioni, il matrimonio, le partnership commerciali e le collaborazioni.
È in questa casa che è possibile scoprire da quale partner saremo attratti nel corso della nostra esistenza e ottenere delle indicazioni riguardo la persona che sposeremo. Il modo in cui procederanno i rapporti più intimi dipende anche dalla capacità di collaborare nella relazione, e questo è un altro aspetto rivelato dalla settima casa.

- Ottava casa

L'ottava casa è la casa delle eredità, delle comproprietà, dell'occulto, ed è collegata simbolicamente al segno dello Scorpione e al pianeta Plutone.
Nella sua Casa simbolica, Plutone orienta il soggetto a lavorare su se stesso con un'opera di evoluzione e trasformazione.
Ne deriveranno crisi e cambiamenti di personalità.
Al contrario, può però verificarsi il rifiuto di evolversi.

In tal caso il soggetto dubiterà di se stesso e avrà paura, obbligato dall'ottava casa a dolorose indagini su se stesso. Potrà essere turbato per il denaro, il potere, il sesso, con tutti i fantasmi erotici che lo accompagnano; all'eccesso opposto, sarà ritroso e casto, un mostro di virtù e un censore dalla morale.

L'ottava casa è in rapporto con l'inconscio, i sogni, la morte e la sessualità. Un'ottava casa importante (cioè con molti pianeti al suo interno) indica spesso professioni che hanno attinenza con il maneggiare soldi altrui, come banchieri, cassieri, mediatori di borsa, ma anche gli aiuti emotivi e finanziari che si ricevono dagli altri.

- Nona casa

La nona casa è la casa dei viaggi, delle speculazioni filosofiche e dell'evoluzione spirituale, ed è collegata simbolicamente al segno del Sagittario e al pianeta Giove.

Giove è il sovrano naturale del Sagittario e della nona casa, quindi, quando è posizionato lì si sente a casa e il suo potere è migliorato. Le persone che hanno Giove in nona casa sono rispettose di tutte le religioni e sono persone religiose loro stesse. Sono curiose delle altre culture e non hanno problemi a fare conoscenze con le persone con credi e usanze diverse dalle loro. Idealisti per quanto riguarda il futuro del mondo.

In questa casa riservata al lontano, Giove suggerisce una irresistibile voglia di partire, di vedere il mondo, di estendere i propri orizzonti. Giove in nona casa spinge a superare le frontiere, siano esse geografiche o del sapere. Anche la professione sarà a volte legata al concetto di viaggio o di straniero. I rapporti con l'estero possono sotto intendere qualsiasi tipo di traffico, lecito o illecito. Il soggetto può tuttavia essere semplicemente una persona molto attratta dal turismo e dall'esotico.

La nona casa è la casa della conoscenza, della saggezza, della comprensione e degli studi superiori.

Definita dalla tradizione astrologica la casa della "vocazione", spinge a seguire le proprie attitudini e a concretizzarle.

La nona casa riflette le aspirazioni etiche e l'evoluzione morale di un individuo, riguarda i viaggi lontani e i rapporti con le persone straniere.

- Decima casa o Medium Coeli

La decima casa è la casa della carriera e degli obiettivi personali, ed è collegata simbolicamente al segno del Capricorno e al pianeta Saturno.

Saturno nella decima casa favorisce il rispetto per l'autorità e per coloro che esercitano il potere. Questa posizione può costringere gli individui ad acquisire potere e influenza propri e a presiedere come capitano di qualsiasi impresa di cui fanno parte. Di conseguenza, queste persone possono essere facilmente trascinate in lotte di potere con altre persone ambiziose e volitive.

Mette in luce il tipo di professione a cui si aspira e la possibilità di fare carriera o di raggiungere una posizione sociale importante. Indica i rapporti con le figure di potere e gli sforzi che vengono messi in atto per realizzarsi professionalmente e raggiungere l'indipendenza.

- Undicesima casa

L'undicesima casa è la casa delle amicizie, delle speranze e dei progetti a largo raggio, ed è collegata simbolicamente al segno dell'Acquario e al pianeta Urano.

L'attivismo del pianeta si indirizza in questa sede soprattutto nell'ambito dei rapporti interpersonali, settore vissuto in modo leggero grazie a un'istintiva facoltà di adattamento. Così come è facile stringere nuovi contatti lo è, però, anche interromperli, talvolta per nuovi interessi, in altri casi perché ci si è stancati e non si ha troppa voglia di dare spiegazioni sulla rottura di un'amicizia. In compenso non dispiace mettersi al servizio di un amico oppure chiedergli favori se necessario.

Si preferisce poi lavorare in un ambiente in cui ci sia la possibilità di fare nuove conoscenze e non si corra il rischio di annoiarsi.

Tra i suoi significati c'è l'impegno sociale, che può realizzarsi in cause umanitarie o politiche, e la capacità di lavorare creativamente in attività di gruppo. I pianeti che si trovano in undicesima casa ci dicono quali attività sociali ci attraggono e quali aspirazioni e progetti per il futuro abbiamo.

- Dodicesima casa

Demonizzata da molti astrologi come portatrice di sventure e di grandi prove, la dodicesima casa pur essendo una casa complessa, non è necessariamente catastrofica.

Associata al segno dei Pesci e al pianeta Nettuno, è la casa dei nemici nascosti e delle prove della vita.

Quando Nettuno è nella dodicesima casa, si sente a casa.

La dodicesima casa è la casa archetipica dei Pesci, e Nettuno, che è il loro sovrano/governatore, può solo funzionare bene quando è nel suo domicilio. La dodicesima casa è la casa responsabile di tutte le cose che stanno al di là della mente conscia, e la presenza eterea di Nettuno risveglia abilità che sono connesse con i suoi strati più profondi, ma anche con l'inconscio collettivo dell'umanità. Questa posizione può rendere qualcuno un grande psicologo, anche se non lo segue come una carriera.

Opposta alla sesta casa, la casa dell'ordine, del lavoro come obbligo quotidiano in dipendenza degli altri, la dodicesima casa rappresenta il sublime, la capacità di astrazione, la possibilità di raggiungere più vasti orizzonti, il distacco dalla routine, la ricerca di un isolamento o di un esilio.

Considerata da molti astrologi come la casa del karma, richiede il riscatto dalle proprie azioni passate, attraverso una vera e propria trasformazione personale.

Il primo esempio storico di suddivisione dello Zodiaco in case lo troviamo nel Tetrabiblos di Tolomeo. Tetrábiblos è l'opera astrologica di Tolomeo scritta nel II secolo; quest'opera è considerata il testo fondamentale dell'astrologia classica che sta alla base dell'astrologia occidentale.

Il primo libro rappresenta l'introduzione all'astrologia, con le descrizioni della natura dei vari pianeti e segni zodiacali; questi ultimi per la prima volta sono slegati dal concetto di costellazione e legati a quello di stagione.

Nel secondo libro Tolomeo sviluppa in modo originale l'astrologia mondiale, ossia lo studio delle presunte influenze degli astri sugli avvenimenti terreni e sulle nazioni.

Nel terzo libro è sviluppata l'astrologia natale o individuale e si spiega come, secondo le credenze di Tolomeo, vanno interpretate le varie relazioni tra pianeti, angoli e segni zodiacali nel tema natale.

Nel quarto libro si approfondisce l'astrologia natale per gli aspetti relazionali.

Casa	Nome	Casa	Nome
1	Oroscopo	7	Occidente
2	Il cancello dell'Ade	8	Inizio della morte
3	La dea sum	9	Dio
4	Imum Coeli	10	Medium Coeli
5	La buona sorte	11	Demone buono
6	La cattiva sorte	12	Demone cattivo

Le 12 case descrivono un cammino da 0 a 72 anni (dall'ascendente alla fine della 12a casa). Questo non significa che la vita sia predestinata a essere lunga "solo" 72 anni, ma che oltre quella età… si ricomincia da zero: si dice, infatti, che invecchiando si ritorna bambini.

In questo orologio astrologico, le 12 case rappresentano ciascuna 6 anni della vita personale.

Vediamo, quindi, le tematiche delle 12 case astrologiche e le relative 12 fasi della vita:

- Prima Casa: da 0 a 6 anni - Nascita

Questa, che corrisponde al segno dell'Ariete, è l'età della prima espressione, della manifestazione personale ed egocentrica: il bambino si sente al centro del mondo. La vita gli sta chiedendo di diventare un'entità fisica e psichica definita, per questo è alto il livello di concentrazione su se stesso. "Eccomi, sono qua!", è la tipica espressione del bambino. Di solito, fino al 4° anno di vita non percepiamo completamente il mondo esterno, dato che tutte le energie sono dirette allo sviluppo dell'Io.

- Seconda Casa: da 6 a 12 anni - Ostinazione

Ora scopriamo il nostro spazio vitale: abbiamo bisogno di un nostro territorio, e per questo prendiamo possesso di spazi, affetti e a volte persone. Qui il bambino impara che esiste un mondo circostante, con il quale deve entrare in relazione.
Per questo, si confronta con gli altri, vuole essere il migliore, avere più degli altri, sperimenta stratagemmi per imporsi o raggiungere i suoi obbiettivi. Scopre i limiti posti dalla società e si confronta così con le regole.

- Terza Casa: da 12 a 18 anni - Pubertà

Il mondo circostante stimola il nostro interesse: cresce la nostra capacità di apprendere, vogliamo accumulare il massimo possibile di conoscenze sul mondo e questo ci mette sempre più a confronto con l'ambiente circostante.

E' l'epoca degli innamoramenti (ideali amorosi) dei castelli in aria. Difficile sopportare la critica o i rimproveri in questa fase e i conflitti scolastici sono frequenti, si vorrebbe sapere di più e tutto. La pubertà cambia il nostro corpo infantile in quello adulto, la sessualità diventa una esperienza fisica e cominciamo a costruire legami emozionali.

- Quarta Casa: da 18 a 24 anni - Idealismo

E' questo il tempo di conflitti con l'ambiente, con la famiglia e la collettività. Sentiamo il bisogno di tagliare le radici famigliari. La vita ci chiede di diventare esseri liberi e di costruire in autonomia la nostra identità in una famiglia, che non sia quella di origine, in un gruppo, in un ambiente.
Sentiamo importanti gli ideali che vanno oltre il proprio Io personale. Proviamo simpatia verso coloro che hanno i nostri stessi ideali: speriamo di ricreare con loro una nuova atmosfera di intimità.

- Quinta Casa: da 24 a 30 anni - Autoaffermazione

La vita ci chiama all'espansione in modo avventuroso, ci chiede di metterci alla prova, di sperimentare, di mostrarci. Di nuovo (come nella fase da 0 a 6 anni) c'è una grande enfasi sull'Io, sulla manifestazione di sé. Cresce dentro l'impulso a controllare o a dirigere altre persone e questo vale anche per la vita professionale. Tendiamo a mitizzare gli eroi e a creare modelli di comportamento che li rappresentino. La sessualità e l'erotismo si rafforzano in intensità e interesse.

- Sesta Casa: da 30 a 36 anni - Professione

L'esistenza materiale e l'espansione economica ci chiamano e con loro spesso arrivano le crisi esistenziali.
Può accadere che ci si senta inefficienti professionalmente e non abbastanza affermati: "Sto facendo la giusta cosa per guadagnarmi da vivere?" è la domanda che si affaccia spesso alla nostra mente in questa fase della vita.
Sentiamo il bisogno di chiederci con attenzione se svolgiamo una professione con piena convinzione, se essa è in armonia con le nostre capacità e caratteristiche. Ma non è cosa facile: difficoltà, errori, depressioni, possono assalirci fintanto che non troviamo il nostro "posto" nella vita, che da un lato deve corrispondere a una esigenza concreta della società in cui viviamo e dall'altro esprimere la nostra unicità.

- Settima casa: da 36 a 42 anni - Relazione

Ora è forte il bisogno di obiettività e di costruzione di un rapporto solido con il partner oppure di chiarirlo "definitivamente", non di rado sono anni in cui avvengono separazioni e divorzi.
I legami, soprattutto quelli legali, (relazioni o rapporti d'affari) occupano buona parte dei nostri pensieri: vorremmo che fossero equi, vantaggiosi, a lungo termine e duraturi.

Non solo non dovremmo ripetere ora gli stessi errori di ieri, ma ci rendiamo conto che possiamo utilizzare ciò che abbiamo imparato in precedenza. Ci troviamo immersi in un processo di comunicazione cosciente con il mondo circostante: vogliamo sapere con chi abbiamo a che fare. Siamo meno istintivi e impulsivi nei rapporti, al contrario usiamo più considerazione, valutazione, selezione. Spesso è anche un periodo di "disillusione". Inoltre come in un eco, "torna indietro" ciò che in precedenza abbiamo causato. Chiarezza e verità sono i compiti di ora.

- Ottava Casa: da 42 a 48 anni - Trasformazione

La società ci chiama a confronto. La vita ci chiede di andare oltre la superficie e di capire lo scopo profondo dell'ambiente in cui viviamo, della comunità e se necessario di lavorare per questa realizzazione. Se ci fermiamo alla forma esteriore, all'apparenza, allo status sociale, non troveremo né l'energia, né il tempo per concentrarci sui valori interiori. Questo è il tempo di trasformazione, di morte e rinascita.

Molti degli ideali che ci hanno animato nella nostra gioventù, ora si confrontano con la realtà nel modo più crudo, portando spesso a galla crisi di notevole entità. Se ancora ci portiamo dentro vecchi stereotipi, questi devono essere rinnovati, rigenerati oppure appassiranno e dovranno scomparire.

Ecco la crisi della mezza età che avanza: la vita ci chiede di cambiare radicalmente le abitudini di pensiero.

Fino ad ora avevamo una spiegazione della vita solo in chiave personale, ora è tempo di una filosofia globale che consideri tutti.

- Nona Casa: da 48 a 54 anni - Nascita Spirituale

Lo spirito ci chiama a raccolta, l'esistenza deve essere rivista. Le grandi domande (il senso della vita) devono essere approfondite ed esaminate. Se ci rifiutiamo di farlo, arriva la frustrazione e la ben nota crisi per la mancanza di significati.
Sta diventando troppo tardi per raggiungere degli obiettivi che siano solo personali: se insistiamo in questo comportamento, rischiamo di isolarti nell'ambiente. Se ancora siamo attaccati agli impulsi egoistici e caparbi che chiedono gratificazione personale, corriamo il rischio di comportarci in modo infantile. La vita ora chiede partecipazione al gruppo, alla comunità, alla società e dovremmo farlo mostrando originalità di pensiero e di filosofia, che deve tener conto di valori che vanno oltre i nostri egoismi.

- Decima Casa: da 54 a 60 anni - Autorità

Autorità o autoritarismo? Ecco la prova del fuoco: fino ad ora abbiamo accumulato conoscenze, capacità e veri valori spirituali, oppure esercitato potere con arroganza, violenza, coercizione. Nel primo caso è giunta l'ora di esprimere vera autorità, quella che poggia sulla competenza e sul distacco dall'obiettivo da raggiungere.

Il tempo è, perciò, maturo per raccogliere riconoscimento pubblico, maggiori responsabilità e anche funzioni di guida nella comunità a cui apparteniamo, sia essa una famiglia, un gruppo, una città, un'azienda.

Ma se fino ad ora abbiamo rincorso solo potere personale e sviluppato predominio e coercizione, cadremo vittime dell'autoritarismo, la conseguenza più triste e deleteria del cattivo uso del potere nella vita.

- Undicesima Casa: dai 60 ai 66 anni - Evoluzione Spirituale

E' tempo di donare al mondo piuttosto che aspettarsi qualcosa dal mondo. Il punto più alto della visibilità esteriore è dietro di noi, nel ciclo precedente: ora è saggio ritirarci dalla febbrile attività pubblica.

Sentiamo i ricordi delle molte e ricche esperienze degli anni precedenti: ci può venire voglia di scrivere un'autobiografia. La vita ci chiede ora di trasferire la nostra comprensione del mondo a coloro che sono più giovani e che possono farne tesoro. Le amicizie diventano più selettive, il numero dei contatti diminuisce, ma chi resta è veramente un amico.

E' tempo di calma e obiettività per considerare i problemi dell'umanità al di fuori degli interessi personali.

I grandi ideali dovrebbero diventare più chiari davanti a noi stessi e spesso coloro che sono tra i 24 e 30 anni, sono affascinati e interessati alle grandi mete che sappiamo far loro intravedere.

- Dodicesima Casa: dai 66 ai 72 anni - Saggezza

L' interiorità ci chiama; il mondo ci lascia soli e dovremmo abituarci a conoscere il nucleo più profondo della nostra umanità. Non dobbiamo fraintendere questo messaggio della vita e, quindi, non dobbiamo non vivere chiusi nel dolore.

La solitudine che ora sovente ci accompagna, non è colpa o cattiva volontà del mondo più giovane che ci circonda, ma un naturale decorso della vita che ci chiede pieno distacco dagli impulsi dell'esterno, per prepararci a un nuovo inizio.

- Dopo i 72 anni

Ricomincia il ciclo, che può portarci a una esplosione vitale. Possiamo sentirci meglio, anche fisicamente, che nel periodo precedente. Ora possiamo ri-sperimentare situazioni e sensazioni famigliari, ma a differenza di prima, abbiamo dentro una maggiore esperienza di vita.

Ora ci è davvero possibile capire le radici profonde dell'esistenza: la vita così ci può apparire come un fenomeno molto più grande del nostro piccolo mondo personale. Solo così "l'ultimo respiro" non ci farà più paura.

Il Tema Natale

Il Tema Natale corrisponde all'immagine del cielo colto nell'attimo della nostra nascita: è la rappresentazione della risonanza tra il macrocosmo e il microcosmo individuale, è un ponte fra la prospettiva terrestre (le Case) e quella stellare (i Segni zodiacali) su cui transitano i Pianeti.

Il Tema Natale è una mappa stellare che ci aiuta a orientarci nell'Universo degli eventi, un manuale galattico di istruzioni per comprendere come funzioniamo a livello individuale e collettivo, una vera e propria finestra spalancata sull'universo, un portale che ci mette in connessione con le energie veicolate dalle galassie, dalle stelle, dai pianeti attraverso la loro luce, il loro movimento, la loro presenza fisica ed energetica e ci permette di trascendere la dimensione fisica terrestre per ricongiungerci ai Creatori.

Quando guardiamo il Tema Natale, non stiamo solo "viaggiando" nello spazio, ma stiamo anche "viaggiando nel tempo" ci stiamo connettendo con tutto quello che è accaduto, dentro e fuori di noi, dal momento della nostra nascita a oggi. E, in tutti questi anni, di strada ne abbiamo fatta veramente tanta, considerando che, come abbiamo visto, viaggiamo tutti a una velocità di svariati milioni di chilometri all'ora.

Il Tema Natale ovviamente non si occupa della parte visibile e tangibile della realtà, ma di quella invisibile e simbolica: con l'avvento del meccanicismo e della necessità di dimostrare l'esistenza di un nesso tra causa ed effetto, l'astrologia è stata considerata priva di qualunque fondamento e relegata fra le superstizioni.

Il calcolo del Tema Natale, chiamato anche Tema Astrale, ci ritorna un grafico, la Carta del Cielo, che riporta la situazione celeste esistente al momento della nostra nascita osservata nel luogo in cui questa è avvenuta.

- Nell'Astrologia Archetipica si parte dal presupposto che ogni persona nasce con una predisposizione innata che permette ad alcune cose di avvenire in un determinato modo, generando una natura interiore rappresentata dalle configurazioni presenti all'interno del Tema Natale.

Questa configurazione non solo permette il generarsi di determinate situazioni, ma predispone anche a percepire l'esperienza soggettiva in un certo qual modo.

La lettura dei simboli all'interno di un Tema Natale e delle loro particolari combinazioni possono offrire una chiara rappresentazione dei modelli psicologici sottostanti, degli Archetipi dell'inconscio collettivo attivi all'interno dell'Io e le modalità di movimento e funzione dei componenti della stretta cerchia familiare.

Il Tema Natale diventa, quindi, uno strumento molto efficace nell'individuare le reali potenzialità di ogni persona e le sue particolari attitudini, al di là che uno ne sia a conoscenza o che le abbia già contattate e sperimentate. Fornisce una visione olistica della personalità integrando l'approccio archetipico nello studio della coscienza e una consapevolezza sistemica riguardo il proprio posto all'interno del clan familiare.

Fornisce, inoltre, importanti indicazioni sulle lezioni da apprendere in questa incarnazione, per tutti coloro che tengono conto delle vite precedenti e del percorso evolutivo dell'anima.

La lettura del Tema Natale permette, in primo luogo, di vedere nella sua completezza il proprio ritratto astrologico, lo "specchio dell'Anima", in tutte le sue componenti: oltre al Segno in cui si trovano il Sole e l'Ascendente, si scoprono le posizioni della Luna, di Venere, di Marte e di tutti gli altri Pianeti che compongono il quadro astrale di nascita, i Segni e le Case in cui sono collocati e gli aspetti che formano tra di loro.

Nel Tema Natale si ritrovano tutti gli aspetti astrologici che incidono sulla personalità, sulle dinamiche interiori che si attivano nei vari passaggi della vita, fornendo una maggiore consapevolezza riguardo i processi interiori ed esteriori attivi fin dal momento della propria nascita. I Pianeti, i Segni e le Case vanno a comporre un quadro unico e irripetibile, una dotazione di talenti, blocchi, conflitti interiori, possibilità di crescita ed espansione che ciascuno individualmente sviluppa e utilizza nel corso della propria vita.

Per erigere il tema natale è necessario conoscere l'ora solare, il giorno, il mese, l'anno e il luogo di nascita del soggetto preso in esame. E' altresì fondamentale che l'ora di nascita sia esatta per poter determinare in modo esatto l'ascendente e non solo.

I Pianeti

In Astrologia sono chiamati pianeti:
- Il Sole
- La Luna
- Mercurio
- Venere
- Marte
- Giove
- Saturno
- Urano
- Nettuno
- Plutone

Il nostro sistema solare è formato dal Sole, dai nove pianeti che gli ruotano attorno (Mercurio, Venere, Terra, Marte, Giove, Saturno, Urano, Nettuno, Plutone) e dalla Luna, satellite della terra.
Inoltre il nostro sistema solare ha altri corpi celesti come le comete, i meteoriti, i satelliti dei grandi pianeti, gli asteroidi e a quanto sembra anche altri pianeti lontanissimi oltre Plutone ancora da definire.

Il Sole

Il Sole è una stella, con un diametro di circa 1.400.00 km circa, 109 volte maggiore di quello terrestre. Dista dalla terra 150 milioni di km.
Il Sole descrive l'essenza di una persona, il suo essere interiore, rappresenta, inoltre, la vitalità e l'abilità nell'affermazione di sé.

- Corrisponde alla Quinta Casa ed è associato al segno del Leone.

Rappresenta: l'Io attivo, la vita, la volontà, la potenza affettiva e sociale, l'energia vitale, la forza fisica e psichica, l'evoluzione, l'idealismo, l'autoaffermazione.

Simboleggia: l'età adulta, l'autorità, il soggetto stesso.

In tema femminile, una figura importante maschile (padre, marito, amante, fratello, nonno, ecc), l'organizzazione, il successo, i personaggi di rilievo sul lavoro, nella politica.

In tema maschile, la virilità, la maturità, la creatività.

Armonico (nel tema di nascita): gioia di vivere, lealtà, generosità, passionalità, coraggio, nobiltà, fierezza, spiritualità, elevazione.

Disarmonico (nel tema di nascita): ipertrofia dell'Io, narcisismo, esibizionismo, orgoglio, teatralità, dispotismo, crudeltà, superbia, prepotenza, paternalismo, egoismo.

Corrispondenza corpo umano: cuore, sangue, vista, colonna vertebrale.

Il Sole nei segni

- Sole in Ariete - concentrati nell'affermazione di se stessi e alla conquista del mondo, hanno una notevole predisposizione al comando; quando fanno parte di un gruppo attraggono sempre l'attenzione; in caso di critiche o rimproveri possono cambiare umore in modo assai repentino.

- Sole in Toro - molto creativi e sensuali, sono alla continua ricerca delle comodità e del bello che la vita può regalare loro; determinati come pochi altri nel perseguire nelle proprie convinzioni e principi di vita.

- Sole in Gemelli - hanno un continuo bisogno di essere stimolati mentalmente; la comunicazione è indispensabile in ogni sua espressione; fondamentali le relazioni umane e le amicizie.

- Sole in Cancro - hanno la tendenza a celare le emozioni; temono moltissimo i rischi e la solitudine; sono soggetti agli influssi esterni per quanto concerne l'umore.

- Sole in Leone - il loro orgoglio non ha eguali, un tantino vanitosi ed egocentrici ma tanto generosi e con un notevole senso del dovere; creativi e coraggiosi, spesso cedono all'adulazione.

- Sole in Vergine - pratici, pignoli, ottimi organizzatori a volte fin troppo perfezionisti; critici come pochi altri sanno esserlo, sanno sempre quello che vogliono e conoscono i propri limiti.

- Sole in Bilancia - equilibrio e armonia sono il loro pane quotidiano; sono sicuri di se stessi e molto disinvolti nei rapporti sociali anche se in realtà hanno dei dubbi che riescono facilmente a celare; amano e cercano il successo.

- Sole in Scorpione - percettivi ed emotivi hanno un grandissimo autocontrollo; spesso sono guidati dai loro istinti, possono apparire aggressivi ma è solo un modo di difendersi.

- Sole in Sagittario - grande spirito di avventura; amano e rincorrono la sicurezza interiore, spesso dimostrano la loro mancanza di tatto nel trattare con il prossimo; l'amicizia è fondamentale per loro, spesso dimostrano una grande capacità di crearsi una propria filosofia di vita.

- Sole in Capricorno - materialisti, pratici e conservatori, ma non solo anche ostinati ed ambiziosi; sanno infondere fiducia e sicurezza; non amano dimostrare i propri sentimenti.

- Sole in Acquario - eccentrici e insofferenti spesso sono insicuri e poco pratici, ma sono ottimi progettisti , la loro fantasia supera ogni realtà.

- Sole in Pesci - sensibilità e indecisione fanno di questi nativi degli eterni sognatori, cercano in ogni modo di sfuggire dalla realtà; compassionevoli per natura sanno sacrificarsi per un ideale o una persona.

La Luna

La Luna è il satellite della Terra ed è anche il corpo celeste più vicino a noi. E' distante in media 384.000 km e ha un diametro di circa 3.500 km. Mentre esegue un giro attorno al proprio asse, esegue anche un giro completo intorno alla terra, per cui noi vediamo sempre lo stesso emisfero.
La Luna rappresenta i sentimenti e le emozioni di una persona, la sua ricettività e la sua immaginazione.

- Corrisponde alla Quarta Casa ed è associata al segno del Cancro

Rappresenta: l'Io ricettivo, l'irrazionale, l'emotività, la sensibilità, la mutevolezza, il sentimento.

Simboleggia: l'infanzia, la madre, la sposa, la femminilità, la sorella, le donne dell'ambiente immediato e l'ambiente stesso, i cambiamenti, l'anima, la memoria, le percezioni extrasensoriali, le forze della natura.

In un uomo è il suo rapporto con la donna.

Armonica (nel tema di nascita): fantasia, magnetismo, vita interiore, pazienza, simpatia, istinto materno, dolcezza, buona memoria, comprensione, fiducia, estrosità.
Nella donna indica la sua personalità inconscia ed è quasi più importante del Sole.

Disarmonica (nel tema di nascita): in tema maschile spirito eccessivamente sognatore, timidezza, incostanza nervosismo, suscettibilità, indecisione, egocentrismo, dipendenza, infantilismo.

In tema femminile rifiuto della sessualità, conflitto con la madre.

Corrispondenza corpo umano: in tema femminile gli organi interni femminili riproduttivi, il seno, tutto il sistema che regola la funzione nutritiva. In tema maschile le visceralità, gli umori.

La Luna nei segni

- Luna in Ariete - vitalità, coraggio, audacia. Ottima sul piano professionale, spesso propensi all'avventura e alla conquista, si contraddistinguono anche per una certa variabilità dell'umore se questa non è armonica.

- Luna in Toro - grande considerazione per i valori tradizionali e familiari; notevole femminilità e istinto materno, propensione per il denaro.

- Luna in Gemelli - sensibili ma un tantino nevrotici, amano le esperienze intellettuali, sono versatili e allegri, notevole senso dell'umorismo, ottima per la carriera politica.

- Luna in Cancro - sensibilità, intuizione, una certa dose di apprensione ma molto dolci, son spesso attaccati al passato. Tendono a essere capricciosi e volubili se questa non è armonica.

- Luna in Leone - estroversione, generosità, forte desiderio di affermazione; orgogliosi con un alto senso dell'onore, tendono agli eccessi in ogni senso.

- Luna in Vergine - grande senso pratico nel quotidiano, emotività in crescita ma anche la tendenza alla critica e alla polemica, sensibilità orientata verso l'ordine assoluto.

- Luna in Bilancia - grande senso artistico e gusto estetico, la ricerca del meglio è al primo posto; un pizzico di romanticismo nel quotidiano sembra essere d'obbligo.

- Luna in Scorpione - magnetismo e fascino, fantasia e immaginazione a volte leggermente ossessive; erotismo e celebrità.

- Luna in Sagittario - ottimismo, estroversione, apertura sociale e amore per i viaggi; liberali come nessun altro hanno un notevole desiderio di avventura; continui cambi d'umore legati al proprio stato d'animo.

- Luna in Capricorno - ambizione, capacità di concentrazione, senso organizzativo, ma anche tendenza al pessimismo e al conservatorismo; amore per la famiglia.

- Luna in Acquario - idealismo, originalità, ma anche instabilità emotiva e insofferenza verso il mondo circostante.

- Luna in Pesci - forte sensibilità, fantasia, premonizioni, senso artistico; in aspetto disarmonico potrebbe creare insicurezza e una certa passività.

Mercurio

Mercurio è un pianeta piccolo. Le sue dimensioni lo rendono simile alla Luna. Il suo diametro è di circa 5.000 km e la sua distanza media dal sole è di 58 milioni di km. Mercurio rappresenta la ragione, il buon senso e tutto ciò che è razionale. La comunicazione scritta e verbale, le nostre capacità a imparare.

- Corrisponde alla Terza e alla Sesta Casa ed è, quindi, associato ai segni dei Gemelli e della Vergine.

Rappresenta: il rapporto mentale con il mondo esterno, l'intelligenza, i contatti con il mondo attraverso la conoscenza, tutti i mezzi di espressione, la ragione, la critica, la logica, il calcolo, l'adattamento.

Simboleggia: l'adolescenza, gli scambi commerciali, i fratelli, i coetanei, tutti i mezzi di comunicazione e trasporto, i viaggi, lo studio, i colleghi, i collaboratori, la letteratura, la parola, le liti, le persone equivoche.

Armonico (nel tema di nascita): adattamento, analisi, umorismo, raziocinio, percezione, abilità manuale, eloquenza, cura del particolare.

Disarmonico (nel tema di nascita): ironia, sarcasmo, instabilità, simulazione, atteggiamento inquisitorio, polemica, astuzia truffaldina, cinismo.

Corrispondenza corpo umano: i polmoni, i bronchi, il sistema cerebrale e nervoso, l'udito, le braccia, gli intestini, organi di movimento.

Mercurio nei segni

- Mercurio in Ariete - mente acuta ma incostante, non sempre logica e deduttiva, intuito, umorismo, versatilità che indirizza di continuo verso nuovi interessi.

- Mercurio in Toro - mancanza di elasticità mentale, spirito pratico che guarda le realizzazioni materiali, sensibilità per l'arte e la bellezza, tenacia, durezza dell'intelletto.

- Mercurio in Gemelli - intelligenza pronta, vivace e astuta, buona parlantina ma fredda e prolissa, inventiva, controllo dei pregiudizi e distacco dalle tradizioni, concentrazione, associazione rapida.

- Mercurio in Cancro - intelligenza sensibile, intuitiva, rivolta più al passato che al presente, grande immaginazione, memoria potete e creativa, temperamento sognatore, conservatore, lenta maturazione delle idee.

- Mercurio in Leone - amore per i bei gesti e discorsi brillanti, allegria e ottimismo, capacità organizzativa, senso di responsabilità, intuizione, astuzia, mente logica, tendenza al comando e a realizzare grandi cose.

- Mercurio in Vergine - l'intelletto al servizio della praticità, prudenza, concentrazione, umorismo vivace ma contenuto, timidezza, a volte, e scarso senso ipercritico, curiosità mentale, piacere del dettaglio.

- Mercurio in Bilancia - intelligenza rigorosa, selettiva, lucida ma un tantino lenta e astratta, attitudine a soppesare e giudicare gli altri, avversione per le liti, rispetto dei compromessi, spirito di osservazione.

- Mercurio in Scorpione - intuizione quasi diabolica, intelligenza combattiva e tenace specie nel pericolo, ma non accetta sconfitte, grande capacità dialettica, e ingegnosità, tendenza all'occulto.

- Mercurio in Sagittario - intelligenza di larghe vedute ma ingenua, priva di ironia e di distacco, incapacità di affrontare problemi astratti, predomina la visione materiale delle cose.

- Mercurio in Capricorno - mente fredda e calcolatrice, gusto dell'articolare, metodo e coordinamento analisi critica ma con difficoltà a esprimersi, intransigenza, perseveranza, conformismo.

- Mercurio in Acquario - doti psicologiche, memoria, fredda gentilezza, calcolo nei rapporti, talento scientifico, pensieri anticonvenzionali, riluttanza a cambiare opinione.

- Mercurio in Pesci - mente sensibile, intuitiva e medianica, partecipazione ai problemi umani e sociali ma incapacità di affrontare la vita pratica e a prendere decisioni, riservatezza, grande emotività.

Venere

Venere ha circa lo stesso volume (diametro 12.500 km) e le stesse dimensioni della Terra. E' anche il pianeta che passa più vicino a noi, la sua distanza media dal Sole è di 108 milioni di km.

Venere è il pianeta dell'amore, ci dà il senso della bellezza e della consapevolezza estetica. Rappresenta l'armonia e il piacere in ogni sua forma.

- Corrisponde alla Seconda e Settima Casa ed è, quindi, associata al segno del Toro e dei Gemelli.

Rappresenta: il rapporto affettivo con l'esterno, la bellezza, il piacere sentimentale e fisico, la capacità di amare il denaro, i beni in generale, la bellezza, l'armonia.

Simboleggia: il periodo successivo all'adolescenza; tutto ciò che è bello e gradevole, ma anche irrazionale, esalta il sentimento dell'amore, la vita sentimentale; per l'uomo la vita confortevole, per la donna l'amore per il prossimo, il denaro, la fortuna quotidiana, le feste, l'emotività.

Armonico (nel tema di nascita): creatività artistica, simpatia, fascino, gentilezza, capacità di godere degli aspetti della vita, sensualità.

Disarmonico (nel tema di nascita): una certa pigrizia e superficialità, vanità e simulazione, romanticismo esagerato, dipendenza, una volontà un tantino debole.

55

Corrispondenza corpo umano: metabolismo, funzioni renali, gola, area genitale femminile, capelli, armonia dell'organismo.

Venere nei segni

- Venere in Ariete - tendenza ai colpi di fulmine con crisi eccessive per le brusche rotture, l'amore è concepito come un rifugio contro l'insicurezza, dominano istinto e impulsività.

- Venere in Toro - predispone a una natura affettuosa e appassionata, una certa fatica nell'esprimere i propri sentimenti, gelosia e possessività sono costanti.

- Venere in Gemelli - spesso attratti dall'avventura i nativi denotano una certa volubilità, non sempre fedeli, qualche volta tendono a sfuggire ai legami di una certa importanza.

- Venere in Cancro - passione e romanticismo fanno di questi nativi i cercatori per eccellenza di rapporti stabili, essi associano l'amore alla famiglia, potrebbero diventare un tantino morbosi per la troppa sensibilità.

- Venere in Leone - amano il fasto e i piaceri costosi, entusiasmo e grandiosità son le parole d'ordine per questi nativi, hanno poco senso pratico in amore ma sono affettivamente dei genuini.

- Venere in Vergine - tendono a nascondere i propri sentimenti, sono timidi e pudici, spesso esigenti e gelosi ma assai generosi, discreti, eccezionali nell'abilità manuale.

- Venere in Bilancia - idealisti nell'affettività che mettono al primo posto nella loro vita, la sessualità è vissuta in modo assai sensibile, senso del bello e dell'armonia, l'amore si conforma alle regole del contesto sociale.

- Venere in Scorpione - sono dei passionali, con una vita sessuale assai ricca, trascurano il lato romantico del rapporto basando sull'affiatamento erotico, risultano anche un tantino gelosi.

- Venere in Sagittario - spontanei e sinceri negli affetti, liberi da pregiudizi son predisposti a legarsi con persone straniere, tendono a dare spesso consigli, hanno una vita sentimentale molto varia.

- Venere in Capricorno - mancano di slanci e di comunicazione, si innamorano in modo lento e assai ragionato, ma sono fedeli, pazienti e riservati, le unioni risultano durevoli e sincere.

- Venere in Acquario - sono alla continua ricerca di novità e diversificano i rapporti, emotività e passionalità molto controllate, intolleranza per i legami convenzionali, spesso gli amori sono idealizzati e bastati sull'amicizia.

- Venere in Pesci - tendono ad avere amori clandestini, hanno bisogno di tanto affetto e coccole, grande tolleranza verso le opinioni altrui, hanno una creatività assai fervida, risultano essere poco combattivi.

Marte

Marte il "pianeta rosso" ha un diametro di circa 6.600 km, metà di quello terrestre ed è l'unico pianeta del sistema solare interno ad avere dei satelliti naturali: Deimos e Fobos (nella mitologia sono figli concepiti da Marte con Venere).
Marte rappresenta l'energia, il dinamismo e il coraggio, la determinazione e l'impulsività di una persona. Descrive il modo di affrontare le cose e anche la pura aggressività.

- Corrisponde alla Prima e all'Ottava Casa ed è associato al segno dell'Ariete e dello Scorpione.

Rappresenta: il rapporto aggressivo con il mondo esterno, il grado di passionalità e di violenza di un individuo, come conquista, la sua sopravvivenza, l'energia, la forza e l'audacia.

Simboleggia: la forza vitale dell'età in cui si combatte per realizzare i propri progetti; le azioni e i rivali; come distruggere per poi ricostruire; gli strumenti di ferro e le armi, i ferimenti e l'estroversione, ma anche il calore e la vitalità.

Armonico (nel tema di nascita): denota iniziativa, coraggio ed entusiasmo, una certa franchezza, realizzazioni e amore per la libertà, senso del comando specie nei momenti di crisi, reazioni immediate e positive.

Disarmonico (nel tema di nascita): descrive la temerarietà dell'individuo, la sfiducia, il complesso di impotenza, aggressività e litigiosità, a volte anche una certa tirannia e sadismo, incapacità di riflessione ed errori di valutazione.

Corrispondenza corpo umano: i muscoli e la loro attività, gli organi sessuali maschili, la bile, il sistema pilifero, la forza fisica il naso, i globuli rossi.

Marte nei segni

- Marte in Ariete - forte combattività, coraggiosi ma anche spesso spregiudicati, alla ricerca continua di situazioni pericolose, incostanti e spesso soggetti a stati depressivi che generano aggressività, audacia, mancanza di diplomazia.

- Marte in Toro - energia controllata che spesso viene messa al servizio della ragione e dell'azione, volontà tesa al possesso, scarsa creatività, cocciutaggine e, a volte, scatti violenti e collerici.

- Marte in Gemelli - tendono a essere aggressivi verbalmente, ma anche ironici e a volti sarcastici, astuti ma con una certa ira infantile, buona capacità di persuasione.

- Marte in Cancro - temperamento bizzoso, abbastanza ambiziosi, originali, con una forte memoria ma con una scarsa aggressività, tendono a essere ansiosi davanti alle difficoltà.

- Marte in Leone - grandissima forza di volontà e coraggio, un tantino temerari, rigettano qualcuno consiglio, carattere autoritario, fieri e sicuri di sé, entusiasti e generosi, hanno però collere impietose.

- Marte in Vergine - ponderati ed efficaci, irascibilità nascosta ma con risentimenti, puntigliosi per quanto riguarda il denaro, spesso portati alla polemica e alla critica.

- Marte in Bilancia - rigorosi, irascibilità fredda, un tantino vendicativi, aggressività e violenza razionalizzate dalla ragione, grande affermazione della personalità, qualche squilibrio nell'azione, predisposizione al dialogo.

- Marte in Scorpione - intensa forza vitale, emotività espressa positivamente, irascibilità controllata ma violenta, personalità molto pronunciata, amore per la lotta e le complicazioni.

- Marte in Sagittario - aggressività tendente alla competizione, scarse capacità di analisi, amore per le situazioni chiare, temerari ma sprovveduti, vitalità fanciullesca, costruttivi e dinamici, spesso portati alla ribellione.

- Marte in Capricorno - azioni calcolate assai bene, gusto per le grandi imprese, rigidi con se stessi e gli altri riescono a immagazzinare l'energia del pianeta in modo positivo diventando pratici e decisi.

- Marte in Acquario - avventure ideologiche, aggressività verso le conquiste tecniche o spirituali, amore per le novità e l'imprevisto, visione ampia del mondo, immaginazione viva e ricca.

- Marte in Pesci - incapacità di lottare, mancano di costanza, sensibilità smisurata, astuzia ma un tantino subdola, indecisione, collera sempre legata ai sentimenti, scarsa ambizione, spirito di sacrificio, dedizione.

Giove

Giove, il più grande dei pianeti del sistema planetario, è il quinto in ordine di distanza dal Sole da cui dista circa 780 milioni di km. Ha un diametro 11 volte maggiore di quello della terra. Ha un nutrito numero di satelliti naturali (a oggi 67).
Giove, il pianeta della fortuna, rappresenta il senso della giustizia, della fede (filosofia di vita) e l'aspirazione alla crescita e allo sviluppo individuale.

- Corrisponde alla Nona e alla Dodicesima Casa ed è, quindi, associato al segno del Sagittario e dei Pesci.

Rappresenta: l'affrontare la vita con ottimismo, la tendenza a fondere l'istinto e la ragione, la passione e la riflessione, il potere.

Simboleggia: il periodo della maturità giunta al successo dopo le lotte, l'ottimismo, gli onori, l'autorità, l'essere estroverso, la fiducia, la saggezza, l'agiatezza o la ricchezza, le persone fortunate, il lusso, il giudice, il maestro.

Armonico (nel tema di nascita): indica la dignità, il senso di giustizia e di pietà, una affettività ben sviluppata, l'ambizione e la generosità, la serenità e l'equilibrio psichico, la simpatia, il pacifismo.

Disarmonico (nel tema di nascita): indica una certa ostentazione, l'amore per il gioco, una certa arroganza e presunzione, diffidenza e scetticismo, amore smodato per il cibo, una certa tendenza allo sperpero, fanatismo e collera, incapacità di apprezzare la vita.

Corrispondenza corpo umano: il fegato e le sue funzioni, la circolazione arteriosa, la ghiandola pituitaria.

Giove nei segni

- Giove in Ariete - denota una buona capacità di inserirsi nella vita sociale e materiale, aggressività costruttiva, azione e attività costanti e ottimismo. Una certa tendenza al moralismo e paternalismo, estroversione e mancanza di tatto, loquacità a volte inopportuna, ma anche generosità, cordialità e popolarità.

- Giove in Toro - indole affettuosa e cordiale, tolleranza, calma e senso della giustizia, propensione per una vita tranquilla e comoda, volta ai piaceri della tavola e del sesso, ai lati materiali dell'esistenza, una certa volontà di ricchezza, vitalità e ottimismo.

- Giove in Gemelli - denota una certa rettitudine e lealtà, così come una buona eloquenza e spirito giovanile, larghe vedute ma indole capricciosa e un tantino esibizionista, grande capacità di destreggiarsi, a volte però anche una certa dispersività e diffidenza.

- Giove in Cancro - un tantino arrendevoli e tendenti alle comodità, spirito conservatore , tradizionalista, amante delle convenzioni, una eccessiva tendenza ai compromessi per il quiete vivere, non disdegna il lusso, fascino e simpatia, benessere, grande amore per la famiglia.

- Giove in Leone - denota un certo paternalismo anche se bonario e una certa ingenuità, gusto per la teatralità, desiderio di ammirazione e consensi. Sfruttamento del proprio fascino e un certo esibizionismo.

- Giove in Vergine - ragione e calcolo condizionano le azioni e decisioni, i sentimenti e la bontà. Scarso calore umano, ordine e precisione, tenacia e capacità di organizzazione.

- Giove in Bilancia - generosità, adattabilità, carità, calma e comprensione. Profondo senso della giustizia, concetto sereno della vita. Ricerca dei valori estetici, avversione della solitudine.

- Giove in Scorpione - denota un certo magnetismo, intelligenza critica e penetrante, intuizione forte quasi profetica, valori affettivi e altruistici molto alti, natura molto sensuale, loquacità mordace, ambizione, bontà.

- Giove in Sagittario - sicurezza di sé, aspirazione a una vita sana e sportiva, ottimismo, ampiezza di vedute e facilità di parola, serenità, conformismo, eccessiva fiducia negli altri, successo, ma anche candore e gioie semplici, lealtà e bontà.

- Giove in Capricorno - di poche parole, bonari e riservati, generosità molto limitata, desiderio di potere, rigore mentale, ottima concentrazione, ingegnosità, senso di responsabilità.

- Giove in Acquario - un tantino freddi, creatività anche geniale, rigorosi e diplomatici, loquela persuasiva ma talvolta poco sincera, controllo e sfruttamento dei desideri, ma anche imparzialità e comprensione.

- Giove in Pesci - amore per il confort e i piaceri intimi, fascino, persuasività, abilità nell'evitare le seccature, generosità, sensibilità verso i problemi sociali, benevolenza intuizione, meditazione ma anche allegria.

Saturno

Saturno è il sesto pianeta del Sistema solare ed è il secondo pianeta più massiccio dopo Giove, ha un diametro di quasi 10 volte quello della Terra. E' unico nel suo genere dal momento che è circondato da un vistoso sistema di anelli. Ha circa 60 lune conosciute.

Saturno rappresenta le nostre resistenze e i nostri limiti, le nostre capacità di sopportazione e le nostre abilità di concentrazione; qualità come la serietà, cautela e riservatezza.

- Corrisponde alla Decima e Undicesima Casa ed è associato ai segni del Capricorno e dell'Acquario.

Rappresenta: la vita affrontata razionalmente, la conservazione, il rallentamento, la concentrazione, la costruttività, il pessimismo la lentezza.

Simboleggia: la vecchiaia, la rinuncia, la valutazione razionale di tutte le situazioni specie quelle negative, l'introversione, l'aridità, le privazioni la tenacia, l'isolamento e la malinconia.

Armonico (nel tema di nascita): distacco dalle passioni, prudenza, forza d'animo, coraggio morale, capacità di scelta, senso del dovere e della giustizia, riservatezza, sobrietà, ambizione calcolata, sopportazione, calma, vita intellettuale.

Disarmonico (nel tema di nascita): diffidenza, pessimismo, egoismo e cattiveria, freddezza, intolleranza, ostinazione e avversione ai cambiamenti, indifferenza, tristezza, crudeltà mentale, stati depressivi, severità eccessiva, una certa avidità.

Corrispondenza corpo umano: la pelle, i denti, le ossa, la cistifellea, la struttura dei muscoli, la milza, il sistema nervoso, l'udito.

Saturno nei segni

- Saturno in Ariete - egoismo, zero comunicabilità, analisi e critica intransigente, carattere autoritario, polemico, scarsissima affettuosità, autoanalisi, tenacia, arrivismo, fiducia in se stessi, ingegnosità.

- Saturno in Toro - calma e costanza, potenza passiva, ostinazione nei principi e nelle abitudini, perseveranza, altruismo ma anche diffidenza per l'ignoto, emotività controllata, scarsa affettuosità ma gentilezza formale.

- Saturno in Gemelli - eccesso di concentrazione e tendenza alla dispersione, ambizione, cocciutaggine, malinconia, rapporto equilibrato con il denaro.

- Saturno in Cancro - equilibrio fra intuito e ragione, grande fantasia, tendenza all'introversione e all'isolamento, timidezza, bisogno di protezione, astuzia e tenacia, scontro fra ragione e sensibilità.

- Saturno in Leone - tenacia, arrivismo, scarsa generosità, volontà di potere, ostinazione e assenza di diplomazia e di senso pratico, eloquio minimo, desiderio di primeggiare a tutti i costi, scontentezza.

- Saturno in Vergine - instancabilità, capacità di organizzazione, tenacia, metodo e precisione, senso pratico, prudenza, limitate manifestazioni affettive, scarsa curiosità mentale, critica acuta.

- Saturno in Bilancia - chiarezza di giudizio, senso di giustizia, umanità, decisioni ben ponderate, pazienza, amabilità, senso del dovere e della responsabilità, rigore razionale, comprensione.

- Saturno in Scorpione - nevrosi latenti, perbenismo, tabù o scatenamento della sessualità, fantasia morbose, grandi intuizioni, logica armonica ma talvolta fanatica, assolutismo, natura affascinata dal male.

- Saturno in Sagittario - poco intellettuali, coerenti, dall'umore costante, di indole umanitaria. Azione controllata, coraggio eloquio chiaro e lampante.

- Saturno in Capricorno - sentimenti che oscillano fra ambizione e rinuncia, razionalità fredda e organizzata, senso pratico, coerente costruttivo, scarsa affettività, severità, austerità, amore del potere, desiderio di solitudine.

- Saturno in Acquario - mente molto originale ma tesa, amore per l'indipendenza, l'isolamento, l'ignoto, personalità insolita, eloquio preciso, ragionamento legato alla meditazione, impegno nei progetti.

- Saturno in Pesci - capacità di analisi e osservazione, cambiamenti nei progetti, valutazione discontinua

delle gioie della vita, sensi di colpa, carità fino al
sacrificio, oscillazioni psichiche, sfiducia.

Urano

Urano settimo pianeta del Sistema solare in ordine di distanza dal Sole, terzo per diametro e quarto per la massa. E' stato scoperto solo nel 1781 dall'astronomo inglese William Herschel diventando così il primo pianeta a essere scoperto tramite telescopio.

Urano rappresenta l'intuizione e le ispirazioni improvvise, tutto ciò che è nuovo, sconosciuto e inusuale (associato alla tecnologia e agli avvenimenti improvvisi). Viene associato all'atteggiamento di ostinata contrarietà.

- Corrisponde all'Undicesima Casa ed è associato al segno dell'Acquario.

Rappresenta: le decisioni improvvise, la rottura degli equilibri esistenti, l'azione nei casi di emergenza, i cambiamenti improvvisi, le novità spettacolari.

Simboleggia: l'imprevisto, l'estroversione, l'oggi che non si cura del passato e del domani, le occasioni colte al volo, l'organizzazione rapida, le azioni non convenzionali, i colpi di fortuna o di sfortuna, la forza decisionale, l'imprevedibilità, i mutamenti improvvisi.

Armonico (nel tema di nascita): abilità manuale e indirizzo verso le scienze, l'amore per la libertà, le idee avanzate, la fratellanza universale, la versatilità, la socievolezza, il ripudio delle limitazioni.

Disarmonico (nel tema di nascita): complesso di persecuzione, ribellioni illogiche, asprezza, odio per qualunque tipo di ordine, eccessi di collera, sarcasmo eccessivo, crisi nervose, perversioni, blocco delle forza decisionale.

Corrispondenza corpo umano: le mani, i movimenti involontari, il sitema circolatorio, le gonadi, l'ipofisi.

Urano nei segni

- Urano in Ariete - capacità di decisione legata al presente, vitalità costruttiva, attività tecniche, amore per la libertà, intuizione fulminee, audacia.

- Urano in Toro - capacità di decisioni pratiche, volontà tesa verso fini concreti, creatività ridotta, spirito di sintesi.

- Urano in Gemelli - attrazione per l'insolito, adattamento rapido, esibizionismo, competitività, opportunismo pratico ma diplomatico, logica.

- Urano in Cancro - sensibilità complessa, nostalgia per il passato, suscettibilità, scelte conservatrici e tradizionali, intuito, capacità decisionale ridotta.

- Urano in Leone - decisioni impulsive, ambizione che però può cedere alle difficoltà, senso pratico ridotto, scarsa abilità manuale, rifiuto delle imposizioni.

- Urano in Vergine - grandi capacità tecniche e manuali, decisioni tempestive, curiosità scientifica, precisione e disciplina professionale.

- Urano in Bilancia - intelligenza lucida e pronta, il presente è vissuto in funzione delle necessità future, decisioni prese con fermezza, grandi possibilità artistiche o manuali.

- Urano in Scorpione - combattività lucida, coerente, scarsa umanità e affettività, spirito attratto dall'insolito, dall'imprevisto e dai cambiamenti, genialità.

- Urano in Sagittario - spirito curioso attratto dalle novità, determinazione, padronanza dell'ambiente circostante, senso di libertà, grandi obiettivi ma legati al passato.

- Urano in Capricorno - passionalità fredda, amore per la libertà, attrazione per la tecnica elaborata, progressi lenti ma sicuri, riflessione.

- Urano in Acquario - spirito di indipendenza, originalità, ingegnosità, decisioni pratiche, attrazione per le scienze e la tecnica, capacità di adattamento.

- Urano in Pesci - volontà dispersiva, scarsissima abilità manuale, incapacità di fronte ai problemi pratici, disordine, idealismo, avversione alle norme.

Nettuno

Nettuno è l'ottavo e più lontano pianeta del Sistema solare, ha 17 volte la massa della Terra, il nome del pianeta è dedicato al dio romano del mare. Scoperto nel 1846 da Johann Gottfried Galle con il telescopio dell'osservatorio astronomi di Berlino. E' il primo pianeta scoperto tramite calcoli matematici.

Nettuno ci indica le capacità ultrasensoriali e apre una porta al mistico e al trascendentale.

E' associato all'illusione e alle false apparenze.

- Corrisponde alla Dodicesima Casa ed è associato al segno dei Pesci.

Rappresenta: la metamorfosi, il misticismo, l'irrequietezza dell'anima, la spinta verso paesi lontani, filosofie lontane, il freddo idealismo.

Simboleggia: l'ultraterreno, i grandi cambiamenti, gli intrighi, le complicazioni le passioni segrete e misteriose, le perversioni, le unioni platoniche, le prigioni, i ricoveri, gli ospedali.

Armonico (nel tema di nascita): forte sensibilità, creatività artistica, religiosità, doti medianiche, facoltà psichiche paranormali, forte immaginazione, idealismo spiritualismo.

Disarmonico (nel tema di nascita): attrazione per alcool e droga, squilibri psichici e nervosi, gioco d'azzardo, truffa, apatia, un'esagerata indulgenza verso se stessi, cleptomania, asocialità, sciatteria, perversioni sessuali.

Corrispondenza corpo umano: resistenza alle malattie infettive, il sistema nervoso, la struttura celebrale relativa alle immagini dell'occhio e agli stimoli degli organi di senso, il midollo spinale.

Questo pianeta è legato alla lenta trasformazione dello spirito.
I nativi sono predisposti al culto delle religioni, anche le più diverse, opera bene nel campo della moda, ma ha una tendenza a tutto ciò che potrebbe farlo perdere in alcool e stupefacenti.
Per capire il significato esatto è necessario avere stilato il tema di nascita del soggetto, in quanto, essendo un pianeta molto lento, influisce sulle grandi masse.

Plutone

Plutone è un pianeta nano scoperto nel 1930 da Clyde Tombaugh e inizialmente fu definito come il nono pianeta ma nel 2006 riclassificato "nano" e ribattezzato 134340 Pluto. E' considerato un "oggetto trans-nettuniano".
Plutone ci indica come affrontiamo il potere sia personale che impersonale, ci descrive come affrontiamo la sfera magica.
E' il potere rigenerativo e la capacità di cambiamenti radicali: morte e rinascita.

- Corrisponde all'Ottava Casa ed è associato al segno dello Scorpione.

Rappresenta: l'evoluzione collettiva e spirituale di un'epoca, i valori generazionali, la creatività e le realizzazioni della natura.

Simboleggia: tutto ciò che è costruito dall'essere umano, gli stati arcaici della psiche, i cambiamenti forzati, ascesa improvvisa quando tutto sembra perduto, le persone subdole.

Armonico (nel tema di nascita): vitalità, coscienza dell'invisibile e della metafisica, rivelazioni superiori, capacità di ricominciare da capo in circostanze sfavorevoli, spirito analitico, sicurezza economica, senso degli affari.

Disarmonico (nel tema di nascita): ricerca di affermazioni poco salubri, menzogna, truffa, angoscia, cattiveria, aggressività distruttrice, perversione, tendenze criminali, sadismo, crudeltà.

Corrispondenza corpo umano: i testicoli, le forze creative e rigenerative del corpo, il subconscio, le gonadi, le ovaie.

Questo pianeta è l'oscurità, l'impenetrabilità. Governa i nostri istinti più inconsci e più nascosti, la sua energia ci porta agli atteggiamenti che decidono i comportamenti e i vari credo nel corso della vita. Il suo passaggio su zone fondamentali del nostro tema di nascita coincide con eventi assai importanti della nostra vita se non della storia.

La sua forza può essere utilizzata per scopi costruttivi se è positivo nel nostro tema di nascita, ma può divenire assai distruttiva se è negativo.
Rimane, comunque, il fatto che il magnetismo offerto al nativo dona il saper lottare contro qualsiasi avversità uscendone spesso vittorioso.

La Prima Casa

La Prima Casa (ascendente-angolare) inizia dall'Ascendente, che è il punto dove l'orizzonte orientale terrestre interseca lo Zodiaco al momento della nascita di un individuo e che identifica, quindi, il segno zodiacale che stava sorgendo in quel momento.

Ad esempio, una persona che nasce esattamente al sorgere del sole, con il Sole in quel giorno nel segno dei Gemelli, si dirà avere anche l'ascendente in Gemelli, essendo questo il segno che era in quel momento visibile all'orizzonte.

- La prima casa è considerata la più importante perché rappresenta la Personalità, il nostro modo di presentarsi agli altri, la prima impressione che diamo di noi stessi, il nostro biglietto da visita.

- Associata al segno dell'Ariete e al pianeta Marte, è la nostra personalità immediata, la nostra indole, il nostro istinto e fornisce, anche, informazioni sul nostro aspetto fisico.

Spesso si riesce a indovinare più facilmente l'ascendente di una persona piuttosto che il suo segno solare. Nel caso la prima casa occupi più segni, ognuno di essi influenzerà la personalità del soggetto.

Per quanto riguarda il ciclo della vita, il primo periodo si apre con la nascita fisica, la separazione del nostro corpo dal corpo di nostra madre e a questo livello scoprire di esistere è totalmente istintuale.

Infatti, veniamo al mondo colmi della sostanza materna di cui per nove mesi ci siamo nutriti; in seguito siamo plasmati, influenzati e condizionati dall' ambiente familiare e culturale. In questa prima fase di sviluppo della personalità viviamo le nostre radici, il nostro passato, l'appartenenza a una determinata famiglia, nazione, razza, cultura, epoca.

Nascere la seconda volta significa emergere da questa matrice, scoprire ciò che davvero ci appartiene da ciò che è dell'ambiente, vuol dire distinguersi, nascere come un individuo dalla personalità individualizzata, riscoprirci alla luce della consapevolezza psichica e mentale.

Implica liberarci, purificarci da retaggi, valori, condizionamenti che non sentiamo autentici, in sintonia con noi stessi, vuol dire delineare sia le differenze che ci individuano e sottolineano la nostra singolarità e unicità, sia le somiglianze che ci fanno sentire simili agli altri uomini e perciò membri integranti della società; vuol dire scoprire il tono e il ritmo del proprio essere individuale e gradualmente diventare coscienti del posto e della funzione che ci spetta nella collettività.

Infine, intorno ai 56 anni c'è la terza nascita, quella spirituale. Mentre la nascita biologica è un fatto indiscutibile, la seconda e poi la terza nascita sono livelli di consapevolezza, obiettivi che si possono o non si possono raggiungere: le caratteristiche della prima casa natale indicano quale strada è meglio percorrere per arrivare al traguardo. Non esistono obblighi di alcun genere, solo potenzialità che aspettano di essere espresse.

- La ruota delle case rappresenta dodici fondamentali e universali forme di esperienza che siamo chiamati ad affrontare nel corso del cammino su questa terra. Si tratta di un processo in divenire, dai tempi precisi, che inizia con la nascita biologica, compie un ciclo e riparte con una nuova nascita dell'individuo a un livello superiore e così una terza volta.

E' un modello di sviluppo psicologico che scandisce le tappe del processo d'individuazione, il quale prevede tre livelli di sviluppo, tre nascite del sé individuale.

L'intero percorso corrisponde al ciclo di Urano con i suoi 84 anni di rivoluzione intorno al Sole, ed è diviso in tre periodi fondamentali di 28 anni ciascuno, il tempo che l'ascendente impiega a percorrere l'intero zodiaco e tornare al punto di partenza.

Non tutti abbiamo la possibilità di compiere l'intero percorso, dipende dal tempo della nostra vita, né arrivare fino in fondo significa realizzare il compito dell'individuazione, poiché ognuno di noi è libero di procedere nello sviluppo, bloccarsi, o retrocedere.

Direttamente opposta alla Prima Casa è la Settima Casa (Bilancia) nella posizione delle ore 3. Questa è considerata come discendente e indica come vediamo le nostre relazioni con gli altri.

I pianeti presenti nella Prima Casa sono importanti, sono lo stile personale. Mettono in luce i difetti o i talenti che per primi si manifestano e attraverso i quali l'individuo esprime ciò che è. Più sono vicini all'ascendente, cioè alla cuspide della casa, più sono significativi.

Se non sono presenti pianeti nella Prima Casa, bisognerà tenere presente del segno che occupa la casa e dei pianeti domiciliati in quel segno per l'interpretazione.

La Prima Casa, come le altre case, può occupare buona parte anche del segno seguente all'ascendente, e, quindi, è importante analizzare anche l'altro segno o gli altri segni che occupa per avere informazioni sulla personalità del soggetto.

La Seconda Casa

Se la prima casa si riferisce alla scoperta di sé, la Seconda Casa, associata al segno del Toro, ci parla delle disposizioni del soggetto verso il possesso e le proprietà in generale.
Di solito viene chiamata la Casa del denaro: da questo settore zodiacale possiamo capire le possibilità di sviluppo economico e i talenti nel trarre profitto materiale dagli eventi della vita.

Riguarda il possesso e la gestione sia di oggetti, denaro e altri beni materiali, sia di beni non materiali quali il prestigio, il potere e così via. Anche in questo caso ciò che si possiede è un'eredità del passato, perché in gran parte frutto dei progressi dei secoli precedenti. Come usare, gestire, incrementare o meno tali "beni" innesca l'esperienza fondamentale che la seconda casa ci richiede. Tali possessi, infatti, possono diventare degli strumenti al servizio del sé individuale, essere usati cioè per consolidare e realizzare più sostanzialmente la nostra individualità, oppure noi stessi possiamo divenire strumento di tali beni e dedicare la vita ad accumulare, conservare e difendere ciò che possediamo, siano questi beni materiali o immateriali.

In questo modo il mezzo diventa il fine e invece di usare ciò che abbiamo a disposizione in modo significativo per la realizzazione dei nostri scopi, ci identifichiamo con essi e ne diventiamo uno strumento, poiché la nostra vita trova significato solo nel possederli. I possessi invece vanno usati, e con l'uso che ne facciamo possiamo arrivare a comprende e dimostrare chi realmente siamo, prima di tutto ai nostri occhi e conseguentemente al mondo circostante.

Al livello successivo di sviluppo del sé, quello spirituale, c'è il superamento di ogni forma di attaccamento, materiale e non materiale, anche rispetto alla vita stessa, l'ultimo e il più prezioso di tutti i beni, che si dovrebbe dedicare all'evoluzione umana.

Casa Opposta: l'ottava, associata al segno dello Scorpione.

La Terza Casa

La Terza Casa, associata al segno dei Gemelli, rappresenta i rapporti con l'ambiente sociale.
Qui però parliamo di un ambiente sociale molto vicino e molto stretto: fratelli, sorelle, cugini e cognati, coetanei, vicini e conoscenti vari.

La terza casa è l'ultima casa del primo quadrante, una casa cadente quindi, la cui funzione è quella di mettere in relazione i contenuti delle prime due, ossia se la prima casa si riferisce alla scoperta di noi stessi e la seconda ai "mezzi" posseduti per esprimere ciò che siamo e a come li utilizziamo, la terza casa riguarda la comprensione del rapporto esistente tra queste due dimensioni: il senso soggettivo di noi stessi e gli strumenti che possediamo per passare all'azione.

L'esperienza che in questa fase facciamo dell'ambiente ci rimanda un effetto retroattivo che ci fa comprendere come è meglio muoverci in tale ambiente, ci insegna, cioè, in quali modi dobbiamo impiegare le nostre risorse per conquistare il nostro spazio vitale e poter così esprimere noi stessi.

L'ambiente più adatto e rispondente a procurare esperienze di questo genere, che procurino, quindi, l'apprendimento e la comprensione dei nessi, dei legami esistenti tra ciò che sentiamo di essere, i mezzi che possediamo per esprimerci e ciò che realmente possiamo fare, è per forza di cose l'ambiente vicino a noi: in questo senso la terza casa è la casa dei fratelli, dei coetanei, degli spostamenti brevi, degli studi inferiori, dei contatti e della comunicazione.

Come nel caso dell'ascendente e della prima casa, le posizioni in terza rivelano la nostra predisposizione a percepire certi aspetti del contesto e a negarne o a non coglierne altri.

Ad esempio, coloro con Venere in terza casa assimilano Venere dal loro contesto, naturalmente colgono gli aspetti maggiormente armoniosi e piacevoli di ciò che hanno intorno ma coloro che hanno, invece, Saturno tendono a cogliere gli aspetti più restrittivi e freddi del loro contesto e, quindi, ai loro occhi quello molto probabilmente non risulta essere un posto abbastanza sicuro nel quale muoversi liberamente.

In questo senso le posizioni in terza casa descrivono sia cosa attribuiamo al contesto più immediato così come quello che noi assimiliamo da questo.

Quello che vediamo è quello che noi portiamo dentro; quello in cui inizialmente ci imbattiamo nel nostro contesto immediato sono i fratelli e le sorelle. La terza casa indica la nostra relazione con questi, così come con gli zii, le zie, i vicini, i cugini e altri ancora. Segni e pianeti in terza casa simboleggiano la natura dei legami tra noi e i nostri fratelli, oppure queste posizioni potrebbero essere una descrizione dei nostri fratelli, altresì queste qualità sono quelle che noi proiettiamo sui nostri fratelli.

La Terza Casa ci parla della socialità dell'individuo nel livello più immediato, la sua capacità di inserirsi in quest'ambiente e la sua predisposizione al contatto tramite la parole e i mezzi di comunicazione: le idee, l'intelletto, gli scritti o i piccoli viaggi, cioè l'attività mentale.

Attraverso l'infanzia e la prima adolescenza (il periodo di tempo tradizionalmente associato a questa casa) noi assimiliamo molte informazioni che alla fine formano un codice di regole pratiche e delle verità sulla base delle quali diamo un ordine e un significato alla vita.

Casa Opposta: la nona, associata al segno del Sagittario.

La Quarta Casa

La Quarta Casa, associata al segno del Cancro, rappresenta l'origine e la fine dell'individuo, la famiglia d'origine e le circostanze che hanno influenzato la gioventù.
Sono le radici, l'ambiente e le tradizioni familiari, i genitori, l'ereditarietà paterna, i beni immobili, la residenza e il focolare domestico.

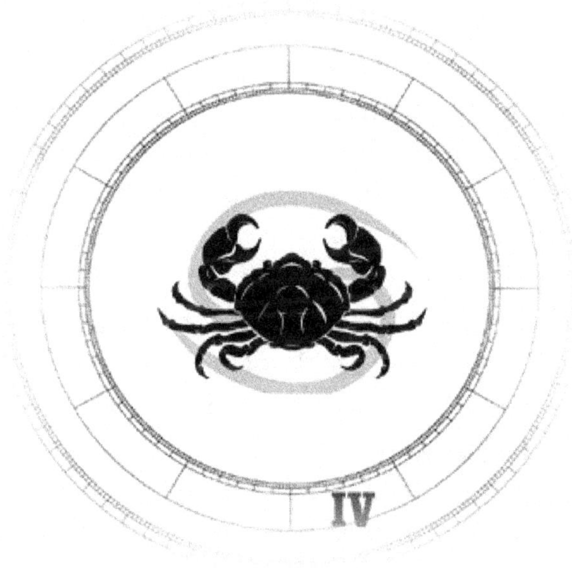

Descrive come noi interagiamo con la famiglia, il nostro atteggiamento rispetto alla "casa e al focolare", l'ambiente originario, la patria, la vita nel paese natale. Inoltre ci dà informazioni riguardo al rapporto con il padre naturale e dà le caratteristiche dei genitori e della figura del padre.

La sua analisi ci indica eventuali predisposizioni che hanno colpito la madre e che possono essere ereditarie.

La cuspide della Quarta Casa è l'inizio dell'asse che possiamo paragonare alla colonna vertebrale, la spina dorsale che ci permette di stare in piedi, il potere che ognuno di noi ha di realizzare concretamente la propria individualità.

La cuspide della quarta casa si chiama Fondo Cielo, è la nostra "mezzanotte", il luogo delle radici che più affondano e si diramano nella terra delle origini.

La Quarta Casa rappresenta il settore di esperienze legate al senso di appartenenza, alla sicurezza di avere delle fondamenta sulle quali poterci soggettivamente innalzare senza correre il rischio di venire sradicati e volare via, come foglie al vento, senza rami di sostegno; in questo senso la quarta casa è il "tetto sopra la testa", la protezione della nostra casa, e per estensione la patria.

Questo settore lo portiamo con noi in ogni età e dovunque andiamo: il segno alla cuspide indica con quale tipo di materiale sono fatte le radici di ognuno e quale genere di esperienze ci fanno sentire "a casa".

Tradizionalmente rappresenta la famiglia, comprensiva dell'atmosfera che nella nostra infanzia abbiamo respirato all'interno del contesto familiare: ci possono essere più fratelli e ciascuno di loro avere una sensazione, un sentimento legato alla propria "famiglia/casa" completamente diverso l'uno dall'altro; ognuno di loro, secondo il segno presente alla cuspide del quarto settore, coglierà e si sentirà particolarmente in sintonia con determinate correnti e vibrazioni tra quelle che contribuiscono a formare il tessuto complessivo della famiglia.

Sono le esperienze della quarta casa che ci conducono, o non ci conducono, a trovare il nostro centro, la nostra stabilità; è in questo settore che dobbiamo imparare a stare in piedi da soli, che spostiamo il baricentro della nostra sicurezza: non più la famiglia, la casa, o qualche altro surrogato di tali realtà, ma l'esperienza interiore della nostra soggettività e del proprio senso di appartenenza che dalle radici comuni a tutta l'umanità e attraverso quelle della nostra cultura e della nostra famiglia, si innalza, si differenzia e diventa il nostro "porto sicuro".

Non è soltanto considerata la casa della famiglia d'origine ma anche quella dell'ambiente nell'età della vecchiaia, la fine della vita, le ultime realizzazioni, la fine delle illusioni.

In un senso più profondo, simboleggia la vita interiore, il "centro" dell'uomo e i sentimenti che lo animano: le fondamenta della personalità che ne esprimono la concretezza come essere umano.

Casa Opposta: la decima, associata al segno del Capricorno.

La Quinta Casa

La Quinta Casa ci parla della vitalità personale del soggetto, delle sue doti creative individuali: questa casa governa desideri e piaceri. Il gusto per lo svago, le iniziative per godersi la vita legate al piacere, la sessualità e gli eccessi.

Si passa dalla mancanza di regole e limiti propria delle esperienze di eccessi e di rischio, alla presenza di metodo, disciplina e costanza che comportano invece le esperienze di allevamento ed educazione e spesso di creazione artistica.

La creatività è anche la capacità di procreazione: questo è il motivo per cui viene chiamata la Casa dei figli, ma anche Casa dell'amore e del sesso.

In breve le esperienze relative alla Quinta Casa hanno lo scopo di valorizzare l'espressione della nostra personalità, di farci sentire pieni, appagati, unici in modo tangibile.

Non è da tutti, infatti, correre rischi, sfidare la sorte, alzare sempre un poco di più la corda da saltare e riuscirci è l'emozione e la conquista di un attimo.

Così vale anche per l'amore: quale esperienza, infatti, ci fa sentire più completi e assolutamente unici, se non l'innamoramento.

E allo stesso modo vale per i figli, miracolo vivente del nostro potere creativo capace di infondere la vita e perpetuare noi in loro, i quali saranno e avranno tutto ciò che a noi è stato negato e che in questo modo, indirettamente, potremo avere anche noi.

Qui possiamo trovare indicazioni sulla fecondità del soggetto, sulle gioie e i problemi legati ai suoi figli e il modo di educarli.

L'educazione in questo senso, non è rivolta a promuovere l'individualità del bambino, ma a imprimere nella sua mente ancora vergine i nostri modelli, le nostre regole, le nostre aspirazioni e desideri. E i figli diventano lo strumento del nostro riscatto. Se questo è lo scopo si può ben accettare la disciplina e il sacrificio che l'allevare un figlio richiede.

Lo stesso vale per le esperienze che si riferiscono alle attività artistiche e creative, che appartengono alla casa quinta e sono la nostra massima e più personale espressione.

Numerose volte la Quinta Casa è stata spesso descritta come la casa degli eccessi: tale categorizzazione richiama alla mente un che di sfrenato.

In realtà il termine "eccesso", da ex-cedere, significa uscire-fuori, si riferisce alla mancanza di limiti e ostacoli che ogni genuina e spontanea espressione di sé richiede. Eccessi quindi, in quanto mancanza di limiti, interni quali inibizioni e complessi, ed esterni quali i condizionamenti famigliari e sociali che reprimono, inibiscono e modificano la spontanea e naturale espressione della nostra individualità.

L'emozione, il divertimento, l'appagamento perciò, quando ci sono, non provengono dalla trasgressione e dalla sfrenatezza, ma dal poter esprimere liberamente e con profusione la nostra energia nelle azioni che compiutamente realizzano la nostra natura.

Casa Opposta: l'undicesima, associata al segno dell'Acquario.

La Sesta Casa

La Sesta Casa, associata al segno della Vergine, ci parla della vita quotidiana, i gesti, i doveri, le consuetudini del mondo domestico. Questo settore governa i rapporti con il lavoro, con gli oggetti, i dipendenti e gli animali.

E' chiamata la Casa del lavoro, poiché in essa troviamo la misura dell'impegno individuale dato giorno dopo giorno dal soggetto per i suoi scopi più pratici. Il dovere lavorativo, le regole da rispettare, il lavoro di tutti i giorni. Con la Sesta Casa si chiude l'emisfero inferiore della carta di nascita: dalla prima alla quinta casa si sono susseguite molteplici esperienze, tra loro molto diverse, ma tutte orientate nella stessa direzione, ovvero la progressiva costruzione della personalità individuale. E in questo senso l'ambiente nel quale ci muoviamo ha la funzione di permettere e facilitare tale processo di costruzione. Un genere di esperienze, quindi, che pur nella loro varietà, vanno solo avanti nello sviluppo dell'Io, a meno che non intervengano fattori pesantemente negativi.

Le esperienze della Sesta Casa sono esperienze di rottura: vengono subito dopo quelle della quinta casa che hanno offerto all'Io, la pienezza dell'amore, l'orgoglio di un figlio, l'ebbrezza del rischio; nella sesta casa, invece, l'esperienza può essere l'amore che finisce, un figlio che delude, il rischio che spaventa, in altre parole l'approccio con la sconfitta che ci fa sentire inadeguati, non all'altezza di realizzare ciò che credevamo di poter fare ed essere.

Nelle esperienze della sesta casa non c'è niente di facile e scontato, ogni obiettivo è raggiunto a costo di sforzi, fatica, resistenza e soprattutto umiltà. Umiltà di riconoscere di non essere ciò che si credeva, di aver bisogno di imparare e perciò di disciplina e obbedienza, perché ogni cosa si impara dal basso.

In questo senso i testi tradizionali affermano che il campo delle esperienze della sesta casa riguardano la salute che per conservare si deve curare, i doveri e le responsabilità della vita e del lavoro di ogni giorno, che richiedono umiltà e disciplina, la gerarchia e la burocrazia, che comportano il rispetto delle norme e delle regole.

Inoltre, troviamo delle analogie con la salute poiché governa il rapporto tra l'Io e il proprio corpo, e da essa si ricavano le indicazioni circa le possibili malattie, come vengono curate, come viene curato l'aspetto e l'abbigliamento, e i punti vulnerabili del soggetto.

Casa Opposta: la dodicesima, associata al segno dei Pesci.

La Settima Casa

La Settima Casa, associata al segno della Bilancia, è la Casa di tutto ciò che è "altro da sé", è la casa dell'individualità che si confronta in un rapporto con il prossimo. Essa coincide con il tramonto, l'ovest. Il Discendente inizia la sequenza delle case al di sopra dell'orizzonte e i significati si contrappongono alle precedenti.

La settima, opposta all'Io-Ascendente, è la casa degli Altri, del nostro modo di legarci a loro.

Troviamo indicazioni su come il soggetto sceglie i propri partner e come vive le relazioni, è la casa della convivenza, delle scelte di responsabilità, dei contratti, incluso il matrimonio, la casa delle associazioni. Abbiamo indicazioni su come vengono affrontati questi settori della vita, le caratteristiche del partner o del coniuge.

Tradizionalmente la Settima Casa è associata al matrimonio, alle società di lavoro e d'affari. In realtà ciò che sta dietro tali esperienze è il consolidamento mediante la relazione con l'altro, l'incontro e il riconoscimento dell'altro in forme e modi il cui fine non è più la valorizzazione o viceversa la limitazione soggettiva dell'Io. Quelle della settima casa sono relazioni stabili, di cooperazione e partecipazione, all'interno delle quali ciascun componente della coppia ha una propria funzione e responsabilità. In questo senso la settima è la casa del matrimonio e delle società di lavoro, poiché è tipicamente in tali eventi che incontriamo l'altro sullo stesso piano e che lo scopo del rapporto in quanto tale va oltre la realizzazione solo personale.

Le relazioni stabilite nelle case precedenti, per quanto tra loro diverse, erano tutte centrate nel definire, consolidare, radicare, espandere o limitare l'esperienza di sé, come "Io" unico e separato; è solo nella settima casa che la relazione in sé diventa la vera protagonista dell'esperienza di ciascuno di noi.

Ogni relazione ha il proprio scopo che può essere più o meno rispettato dai suoi membri: ciò dipende naturalmente dalla natura delle persone che partecipano alla relazione.

Così, una società d'affari può perseguire unicamente l'arricchimento dei suoi membri, oppure anche quello di dare un contributo allo sviluppo dell'umanità e che si manifesta nel rispetto di determinate regole e principi; allo stesso modo, un matrimonio si può risolvere nella ricerca di un appagamento sempre maggiore del proprio "Io", oppure nella costruzione di una famiglia e nella ricerca del benessere dei suoi componenti. In ogni caso, le condizioni e le regole delle relazioni della settima casa sono formalmente stabilite da istituzioni politiche, religiose ed economiche che in questo modo sottolineano lo scopo sovra-individuale di tali rapporti; non appartengono, perciò, alla settima casa esperienze né di amore né di interesse individuale, ma unicamente esperienze di condivisione di responsabilità, partecipazione e cooperazione in vista di qualcosa che va oltre l'individuo. Culturalmente l'inizio di tali relazioni è formalizzato da cerimonie e riti che ne celebrano la nascita e ne evidenziano la loro qualità di strutture a sé con un proprio sistema di regole, indipendenti dagli individui che vi partecipano.

Casa Opposta: la prima, associata al segno dell'Ariete.

L'Ottava Casa

L'Ottava Casa, associata al segno dello Scorpione, rappresenta la separazione da ciò che è proprio, esprime l'allontanamento più o meno volontario dall'ambiente naturale, l'aspirazione a evadere e a rivoluzionare la propria vita. Questa casa ci dice la qualità e la quantità d'energia impiegata nel superare questi distacchi per rigenerare la propria personalità e la propria vita.

L'ottava casa descrive il modo in cui ci relazioniamo a beni comuni e come affrontiamo le perdite materiali.

L'ottava casa è la successiva dopo il discendente e come la seconda si riferisce ai possessi: la seconda casa riguarda i possessi sia materiali, sia fisici e psicologici che ciascuno di noi si trova ad avere alla nascita, e l'uso che ne facciamo per attuare le nostre potenzialità; l'ottava casa si riferisce, invece, ai possessi della relazione, a ciò che la relazione, di qualsiasi tipo sia, ha a disposizione per poter operare socialmente.

In questo senso, come afferma la tradizione, l'ottava casa riguarda i beni del partner o degli altri, in realtà sono i beni della relazione stessa che mutano secondo la natura del rapporto: possono essere beni materiali, come il denaro gestito nelle relazioni d'affari o ereditato nelle relazioni famigliari, oppure beni psicologici come un ampliamento o una totale trasformazione della coscienza, quali si producono in alcune relazioni intime, intensamente coinvolgenti.

Chiaramente la relazione possiede ciò che i membri coinvolti vi portano, tuttavia, la somma di tali contributi non è uguale a ciò che la relazione ha a disposizione, poiché a tale somma si deve aggiungere la qualità del rapporto, l'atmosfera che circola tra i suoi componenti, e ciò appartiene solo alla relazione in quanto tale e può essere un fattore altamente positivo e produttivo o inibente e demolitore.

La questione fondamentale che le esperienze dell'ottava casa ci pongono è quale uso fare delle energie, delle risorse, del potere che la relazione formatasi nella settima casa rilascia: è perciò tramite le esperienze dell'ottava casa che si concretizzano o meno le finalità della relazione. In sostanza sia la seconda sia l'ottava casa riguardano l'uso e la gestione delle risorse, nel primo caso personali, nel secondo della relazione e perciò sociali.

Implicita e fondamentale in una gestione collettiva di beni, è la fiducia di ogni membro nell'onestà e responsabilità degli altri membri. La fiducia accordata, d'altra parte, concede potere, un potere invisibile proprio perché fondato sulla fiducia che non chiede né permessi, né rendiconti; è, quindi, facile abusarne e perseguire interessi personali invece di far valere quelli della relazione e dei suoi membri, per questo si dice che l'ottava casa è il settore del potere occulto, politico o mafioso o altro ancora, in ogni caso sempre manipolativo.

Casa Opposta: la seconda, associata al segno del Toro.

La Nona Casa

La Nona Casa, associata al segno del Sagittario, è comunemente chiamata la "Casa del lontano", simboleggia gli orizzonti mentali più vasti e più ampi, i contatti con mondi e persone stranieri.

La nona casa delinea la nostra inclinazione spirituale, la nostra filosofia di vita e la nostra visione del mondo.
Nel tema natale fornisce indicazioni circa i lunghi viaggi, i rapporti con l'estero e con gli stranieri.
Le esperienze della terza casa ci mettono a confronto con l'ambiente che ci è più vicino e la conoscenza che ne

consegue è concreta, pragmatica, immediata; le esperienze della nona casa, invece, che è la terza dopo il discendente, ci mettono a confronto con il lontano: sono esperienze che in qualche modo ampliano l'orizzonte mentale e fisico.

Viaggi, contatti con popolazioni e culture distanti e straniere, stimoli ed esperienze che ci portano a una espansione della coscienza che in questo modo si apre al nuovo e al diverso, comportano la possibilità di inglobare nuovi significati che ci dispongono a più ampie visioni.

Le esperienze che affrontiamo nella terza casa sono, infatti, dirette alla ricerca e produzione del significato delle cose.

La terza e la nona casa rappresentano le nostre due forme di conoscenza. Gli strumenti della terza sono il pensiero concreto, analitico, l'orientamento al presente; quelli della nona sono il pensiero astratto, la generalizzazione, il procedere per ipotesi; si dice, perciò, che la nona casa è il settore della religione e della filosofia, ambiti in cui la speculazione sul possibile prevale nettamente sulla conoscenza puntuale della realtà.

La prima forma di conoscenza, propria della terza casa, proviene dalla scoperta o dal contatto diretto con qualcosa prima ignoto, la seconda forma, propria della nona casa, è un processo più complesso che implica una sintesi significativa dei dati conosciuti, tra loro e con altri elementi più lontani: alla conoscenza pura e semplice si aggiunge la comprensione.

Inoltre, la conoscenza e la comprensione delle condizioni e dei meccanismi di funzionamento di qualunque ambiente, permette di muoversi bene, ovvero dà il potere di usare o sfruttare al meglio le risorse dell'ambiente in cui ci si muove.

Tuttavia, se gli insegnamenti e gli obiettivi della settima e ottava casa non sono stati assimilati e raggiunti, la conoscenza che la nona casa promuove, invece di trasformarsi in leggi, diventano potenti mezzi di sfruttamento e strumentalizzazione dell'altro, che in vista di ambizione e prestigio personali, viene asservito alla propria ideologia.

Il pericolo e le prove che l'esperienza del lontano e del diverso, proprie della nona casa comportano, stanno, infatti, nel mantenere il cuore e la mente aperti, accoglienti, plastici, nei confronti di ciò che è nuovo e diverso, senza tentare di inglobarlo e omologarlo nel proprio ordine ritenuto il migliore possibile.

Rappresenta la forza, l'energia e l'aspirazione ad allontanarsi dagli orizzonti abituali per ampliare la propria visione esistenziale.

Casa Opposta: la terza, associata al segno dei Gemelli.

La Decima Casa

La Decima Casa, associata al segno del Capricorno, è il settore più elevato del Tema Natale, quindi, è molto importante poiché rappresenta le aspirazioni all'autonomia dell'individuo e la sua capacità di usare questa indipendenza in un processo continuo che dura tutta la vita.

La decima casa governa il successo socio-professionale, la crescita e l'elevazione personale e la considerazione pubblica; in essa troviamo indicazioni rispetto una carriera o una posizione di rilievo, una celebrità, ma può anche indicare semplicemente una personalità perfettamente indipendente che rifiuta le imposizioni degli altri o della società in generale.

La cuspide della decima casa, che culmina nel Medio Cielo, è parte dell'asse del potere di realizzazione dell'Io, che inizia al Fondo Cielo, nella quarta casa; qui la nostra coscienza, tramite processi d'integrazione e stabilizzazione delle esperienze precedenti, ha il potere di diventare un "Io" compiutamente strutturato e stabilizzato sia nella propria singolarità e unicità, sia nelle proprie radici, comuni ad altri esseri umani.

Nella decima casa il potere di realizzazione riguarda la possibilità che l'Io individuale diventi pienamente un "Io" sociale intimamente integrato e funzionante nella collettività.

Le esperienze della decima casa, perciò, ci pongono di fronte determinate consapevolezze, ovvero se siamo, ad esempio, veramente in grado di cooperare e partecipare al funzionamento della struttura sociale, se siamo stati capaci di conquistarci un posto nel mondo, se abbiamo raggiunto funzione visibile e definita all'interno di tale struttura.

In questo ambito di esperienze ci confrontiamo con i successi e i fallimenti che le relazioni stabilite nelle case precedenti hanno prodotto; infatti, per assolvere in modo adeguato e significativo una funzione positiva nella società, si deve avere sviluppato la volontà di cooperare (settima casa), appreso il senso di responsabilità e fiducia (ottava casa) e perseguito la comprensione globale degli scopi a cui tendere (nona casa).

La tradizione guarda alla decima casa come alla casa del potere e del successo, e in un certo senso è vero, poiché se tutto è andato bene, in questo ambito abbiamo la possibilità di fare l'esperienza di sentirci ed essere la persona giusta al posto giusto: il destino individuale, la realizzazione dell'Io (quarta casa), si integra e completa con il destino della collettività a cui apparteniamo (decima casa), la "vocazione" dell'Io è in sintonia con il posto che occupiamo nella società.

Ogni fase di esperienza del cerchio delle case propone, in modi propri, un confronto, uno scontro con i nodi che lentamente si sono formati durante lo sviluppo dell'Io e tale confronto offre una possibilità di revisione che si risolve in una più o meno parziale soluzione, oppure in un indurimento e conferma del nodo.

Nella decima casa, uno scarto troppo ampio tra ciò che noi vogliamo e sentiamo di essere e il posto che occupiamo insieme alla funzione che svolgiamo nella collettività, è inevitabilmente causa di frustrazione e questa può diventare un uno stimolo a cambiare e evolverci, seppur faticosamente, oppure risolvere in una condizione d'immobilismo e insoddisfazione cronica.

Ogni professione, e relativa posizione sociale, conferisce a chi la detiene un certo potere, quest'ultimo carico di conseguenze nel bene e nel male, e spesso le esperienze della decima casa comportano un confronto diretto tra noi e il nostro potere sociale che può sfociare in forme d'abuso subite o imposte, o nella consapevolezza che ogni uomo è legato all'altro, e che perciò il bene del singolo è legato al bene di tutti.

Casa Opposta: la quarta, associata al segno del Cancro.

L'Undicesima Casa

L'Undicesima Casa, associata al segno dell'Acquario, è il settore delle speranze e dei progetti, dell'autocontrollo e della moderazione; indica le capacità e le facoltà di comprensione, di un giudizio sincero e obiettivo, di tolleranza, di mancanza di pregiudizi.

E' chiamata comunemente la Casa delle amicizie in quanto l'amicizia esprime il valore più alto dell'affetto umano, quello più sereno: la condivisione di ideali e di speranze.
Nella quinta casa, opposta all'undicesima casa, il nostro "Io" cerca tramite le esperienze di questo settore, di

infrangere, abbattere, annullare i limiti e gli ostacoli che si frappongono alla libera e creativa espressione di sé; allo stesso modo, nell'undicesima casa, che è la quinta dopo il discendente, l'Io diventa il creativo strumento, l'interprete e il portavoce delle feconde potenzialità di evoluzione e progresso dell'umanità, nascoste e sepolte sotto la farraginosa coltre di strutture sociali statiche e senza vita.

La creatività dell'undicesima casa non è l'espressione dell'immaginazione del singolo, ma l'espressione dell'immaginazione collettiva che risiede nelle numerose possibili alternative, tutte da inventare, di un mondo e un futuro migliori, alternative che sono inscritte e contenute come potenzialità da trovare e svelare, nella stessa società che si vuole cambiare.

L'undicesima casa viene dopo una casa angolare, ed è, perciò, una casa succedente come la seconda, la quinta e l'ottava, e come queste ha a che fare con la gestione e l'uso delle risorse e dei "possessi" che ciascuno di noi si trova ad avere in seguito alle esperienze delle precedenti case angolari:

- nella seconda sono i "beni" che riceviamo in dotazione alla nascita
- nella quinta è il potere di esprimere creativamente e valorizzare la nostra natura individuale
- nell'ottava sono i "beni" della relazione
- nell'undicesima sono i "beni" che derivano dal potere della nostra professione e della relativa posizione sociale.

Nella decima casa ci siamo concretamente confrontati con la nostra riuscita sociale: se l'esperienza è stata positivamente assimilata, nell'undicesima casa sviluppiamo una nuova visione e nuovi obiettivi per migliorare il nostro lavoro e la società in cui viviamo.

In caso contrario, se l'adempimento ai nostri compiti è stato superficiale e passivo o ne abbiamo semplicemente goduto i privilegi, è probabile che le esperienze dell'undicesima casa si riducano alla ricerca di un qualche tipo di evasione sociale, in cui risolvere la vera mancanza di significato del nostro senso di partecipazione sociale.

Le soluzioni adottate nella decima casa condizionano pesantemente le esperienze dell'undicesima casa: se la posizione da noi raggiunta è vissuta unicamente nei termini del potere e del prestigio personale che da esso deriva, ci verremo a trovare stretti nella morsa delle richieste e delle aspettative che tale posizione comporta e che non può deludere: diventiamo, perciò, schiavi di un "ufficio" di cui si è persa la sostanza e che ci costringe a stare sempre all'erta e in guardia contro possibili nemici e cadute. E allora l'undicesima casa diventa quella delle persone influenti che concedono protezione e raccomandazioni.

Casa Opposta: la quinta, associata al segno del Leone.

La Dodicesima Casa

La Dodicesima Casa, associata al segno dei Pesci, rappresenta l'ultimo stadio del cerchio zodiacale ed è, dunque, la Casa degli orizzonti più vasti. In questo settore l'individuo si confronta con il suo destino: i punti deboli, le grandi prove della vita, le tentazioni e il modo per superarle.

È chiamata la Casa del "sublime", di ciò che esce dal consueto, dall'ordinario, dallo schematico e rifiuta le limitazioni.

Con la dodicesima casa si conclude il ciclo di esperienze che dobbiamo affrontare per giungere a una compiuta consapevolezza di noi come esseri individuali, sociali e, infine, "universali".

Tuttavia, poiché la sequenza delle case è un cerchio, il punto della fine coincide con il punto d'inizio di un nuovo ciclo di esperienze che, se tutto è andato bene, si svolgerà a un livello di consapevolezza superiore, oppure riproporrà in forme diverse, ma nella sostanza uguale, i nodi rimasti irrisolti.

E' implicito, perciò, nel genere di esperienze della dodicesima casa, il "fare esperienza" di qualcosa che inevitabilmente termina, ma che al tempo stesso contiene i germi di un altro inizio.

Si riparte, ma se con qualcosa in più o in meno, dipende dall'uso che abbiamo fatto della somma delle nostre esperienze, di cui dobbiamo render conto nella dodicesima casa. Nel primo caso i cerchi delle case formeranno una spirale in cui il centro è sempre lo stesso, mentre la circonferenza diventa via via più ampia, riflesso di una maggiore consapevolezza del significato del nostro esistere in quel luogo e in quel tempo; nel secondo caso verrà data in forma diversa un'altra opportunità.

Nella decima e undicesima casa abbiamo avuto l'occasione di partecipare, contribuire, essere un membro della comunità, può darsi che abbiamo accettato passivamente ogni cosa, restando chiusi nel piccolo mondo delle nostre comodità, può darsi che ci siamo ribellati perché incapaci di ritagliarci un proprio spazio sociale, oppure possiamo esserci completamente identificati con la nostra posizione e, dominati dai bisogni collettivi, abbiamo soffocato la nostra natura.

In ogni caso, nella dodicesima casa ci troviamo necessariamente a confronto con successi e fallimenti, di nuovo nudi e soli dobbiamo fare i conti con i fantasmi del passato, che neppure la nostra posizione e potere sociale (decima casa) o la fiducia e impegno per un domani migliore (undicesima casa), possono mettere in fuga.

E' probabile che non tutti i pezzi del puzzle vadano a posto, quasi sempre resta qualcosa di non fatto, di lasciato in sospeso: in questo caso l'insegnamento che dobbiamo assimilare mediante le prove della dodicesima casa è imparare a lasciarci alle spalle il non finito, l'incompiuto, e concludere bene sulla base di ciò che è stato fatto. "Conclusione" che ci portiamo dietro a ogni inizio, poiché non si riparte mai da zero, ma nelle promesse del nuovo ciclo c'è sempre e comunque l'essenza del vecchio.

Casa Opposta: la sesta, associata al segno della Vergine.